SOBRE AMOR, CORAGEM E ESPERANÇA

HISTÓRIAS DE PROFESSORAS E PROFESSORES

Catalogação na Fonte
Elaborado por: Josefina A. S. Guedes
Bibliotecária CRB 9/870

S677s
2022

Sobre amor, coragem e esperança : histórias de professoras e professores / Elodia Honse Lebourg, Túlio Romualdo Magalhães (org.). - 1. ed. - Curitiba : Appris, 2022.
273 p. ; 23 cm.

Inclui bibliografia.
ISBN 978-65-250-2836-1

1. Professores – Formação. 2. Educação. I. Lebourg, Elodia Honse. II. Magalhães, Túlio Romualdo. III. Título.

CDD – 370.71

Editora e Livraria Appris Ltda.
Av. Manoel Ribas, 2265 – Mercês
Curitiba/PR – CEP: 80810-002
Tel. (41) 3156 - 4731
www.editoraappris.com.br

Printed in Brazil
Impresso no Brasil

Elodia Honse Lebourg
Túlio Romualdo Magalhães
(org.)

SOBRE AMOR, CORAGEM E ESPERANÇA

HISTÓRIAS DE PROFESSORAS E PROFESSORES

Appris editora

Dedicamos nosso livro à memória de Paulo Freire,
que nos ensina sobre amor, coragem e esperança,
e que nos inspira infinitamente.

AGRADECIMENTOS

Nossa rede foi criada para aproximar professoras e professores de todo o Brasil e, assim, criar conteúdo, estabelecer diálogo e acolher. Ao longo dos nossos seis anos de atuação, todos os caminhos que percorremos foram pensados coletivamente. Este livro foi produzido da mesma forma, a partir da colaboração cuidadosa de muitas parceiras e de muitos parceiros. A capa foi produzida por Renata Sbrogio, professora e *designer*. O prefácio foi escrito pela professora Elke Pena. Isabela Piva revisou os textos. As fotos presentes nas apresentações das professoras e dos professores autores dos capítulos foram feitas por Bruna Dullius (para Fernanda Saldanha), Caroline Bernard (para Michelle Ristow), Elaynne Coelho (para Priscila de Freitas Machado), Joice Valverde e Jéssica Duarte (para Maria Alzira Leite), Luiza Geoffroy e Lucas de Godoy, da Voal Fotografia (para Elodia Honse Lebourg e para Maisa de Freitas), e Marcos Vieira, da Foto Art Passos (para Márcio Francisco de Carvalho). A equipe da Editora Appris editou, imprimiu, publicou e comercializou este livro. Para nós, autoras e autores, foi uma alegria e uma honra contar com o apoio de cada profissional que possibilitou a materialização do nosso terceiro livro. Também agradecemos a todas as colaboradoras e a todos os colaboradores dos *Professores transformadores*. Entre 2015 e 2021, aprendemos e transformamos juntas e juntos.

SOBRE ESTE LIVRO

Há saída para um contexto educacional como o brasileiro, forjado e mantido sob bases excludentes de uma sociedade abissalmente desigual? Como professoras e professores seguem em meio a tantos ataques e constante desvalorização? De que forma a Educação encontra caminhos para resistir, ainda que sem os devidos investimentos e respeito? A partir de inquietações como essas, nós, colunistas da rede *Professores transformadores*, apresentamos este livro, com relatos e reflexões do cotidiano de seis professoras e dois professores que lutam e sonham com uma Educação mais digna para todas e todos.

Nesse contexto, você encontrará textos originalmente publicados no *site* da rede *Professores transformadores*, entre 2018 e 2021, com autoria de Elodia Honse Lebourg, Fernanda Saldanha, Maisa de Freitas, Márcio Francisco de Carvalho, Maria Alzira Leite, Michelle Ristow, Priscila de Freitas Machado e Túlio Romualdo Magalhães. As temáticas abordam o problema da desvalorização docente, os preconceitos a serem combatidos na/pela escola, os desafios diários trazidos pela relação de ensino-aprendizagem nos ambientes presencial e virtual, a Educação em meio a tantos ataques e muito mais. De uma forma crítica, os textos apresentam, em comum, uma visão da professora e do professor como agentes fundamentais à transgressão de uma vigente ordem que atende somente a alguns.

Este livro – o terceiro publicado pela rede *Professores transformadores* (em 2016, publicamos *Nós, professores transformadores: olhares sobre protagonismo e valorização docente* e, em 2019, publicamos *Professores em travessia pela Educação: textos sobre práticas docentes e transformação*) – busca, além de compartilhar relatos e reflexões que objetivam a valorização docente, reforçar um espírito de rede colaborativa entre professoras e professores. Com a finalização das atividades da rede, faz-se essencial que renovemos esse compromisso tão fundamental.

Que as letras deste livro promovam inquietações e tragam energia e disposição para outras muitas professoras e outros muitos professores, que, assim como nós, lutam e sonham com uma Educação transformadora. Seguimos juntas e juntos!

PREFÁCIO

Não sei se a vida é curta ou longa para nós,
mas sei que nada do que vivemos tem sentido,
se não tocarmos o coração das pessoas.
(Cora Coralina)

Há alguns dias, um amigo muitíssimo querido, também professor, lembrou-me do poema "Não sei", da Cora Coralina. Imediatamente, relacionei aqueles versos aos sentidos que estava buscando para escrever este texto de abertura do terceiro livro da rede *Professores transformadores*. Essa relação se deu porque o poema fala da importância de deixarmos marcas que irão contribuir para que o mundo seja um lugar melhor, que dê sentido à vida. E isso tem tudo a ver com essa rede que fecha um ciclo de trocas, aprendizagens e transformações na trajetória de vários de nós, professoras e professores.

Participo da rede, idealizada e coordenada pela Elodia Honse Lebourg, desde 2016, primeiro, como colunista e, depois, como conselheira, e o que sempre se fez muito marcante foi a troca de vivências que o projeto proporcionou durante esses anos. O trabalho docente, por vezes, é muito solitário, e ter um ambiente em que a professora e o professor, suas experiências, seus desafios, suas conquistas e, até mesmo, suas falhas são o foco nos dá uma sensação de pertencimento e de coletividade que nos fortalece e ensina muito. A participação na rede é uma forma de percebermos um sentido para a vida: ao mesmo tempo que tocamos os corações de pessoas, somos tocados por elas.

Cada texto que você encontrará neste livro poderá lhe tocar de maneiras diversas, mas dificilmente as palavras passarão indiferentemente por uma leitura atenta e sensível. Acredito que isso se dê porque todos que se mostram em sua escrita são, antes de tudo, professoras e professores que acreditam na Educação como meio fundamental para a transformação do mundo em um lugar mais justo e melhor. São professoras-autoras e professores-autores que, por meio de suas experiências, falam muito sobre cada um de nós em nossas vivências docentes. Mas é importante dizer que esses textos trazem mais que uma narrativa sobre experiências, eles trazem posicionamentos de profissionais que vivem a realidade do que é estar na área da Educação no Brasil, no contexto tão particular como o que estamos vivendo, especialmente nos anos de 2020 e 2021, enfrentando uma pandemia e uma gestão nacional da Educação que nos levaram a desafios nunca antes experimentados nas instituições de ensino brasileiras.

Elodia, Fernanda, Maisa, Márcio, Maria Alzira, Michelle, Priscila e Túlio representam todos nós e seus textos nos acolhem, nos alegram, ao mesmo tempo em que nos incomodam, nos obrigam à reflexão sobre nossas práticas e nos acalentam nos mostrando que não estamos sós. E, ainda fazendo o paralelo com o poema, entre inquietações e alegrias, os textos imprimem um amor ao fazer docente que promove e nos motiva a transformações. Afinal, amor é ação. Há muitos méritos no que esses profissionais inspiradores produziram, e eu gostaria de dar destaque ao trabalho de organização da Elodia e do Túlio, que orquestraram o processo de produção com muita competência, dedicação e afeto.

Nada mais certeiro do que o título trazer em destaque as palavras *amor*, *coragem* e *esperança*, pois elas bem retratam e sintetizam o que é a rede, que, em 2021, encerra seu ciclo de importante contribuição à valorização docente, tão necessária, mas tão esquecida pela sociedade. O projeto chega ao fim, mas se eterniza nas campanhas, publicações, trocas, participações em eventos, mas, principalmente, por ter tocado tantos corações e proporcionado reflexões que, certamente, levaram ao desejo de transformação da realidade na e pela Educação.

A rede *Professores transformadores* foi "intensa, verdadeira e pura", como Cora Coralina diz que a vida deve ser. Vale dizer que essa pureza nada tem a ver com um julgamento moral, mas com uma força que vem daquilo que é simples e delicado. E isso se reflete na totalidade dos textos que formam esta publicação em toda a sua potência.

Sinto-me honrada por estar fazendo parte de mais um momento da rede e de poder falar sobre esses colegas que se dispuseram a transformar seu fazer docente em um processo lindo e fundamental de trocas. Isso nos ajuda a ter *esperança* de que é possível seguir, com *amor* e *coragem*. Agradeço a oportunidade que recebi como um abraço cheio de afeto de pessoas que admiro e respeito profundamente.

Para finalizar, uso os últimos versos do poema, que, embora, para alguns, possam já ter sido transformados em clichê, considero belos, verdadeiros e coerentes com o que apresentei sobre esta obra.

Feliz aquele que transfere o que sabe
e aprende o que ensina.

Espero que este livro traga a cada um de vocês a mesma alegria que me trouxe por me dar motivos para continuar acreditando que uma Educação libertadora é possível. Libertadora e transformadora, inclusive, para nós, professoras e professores.

Elke Beatriz Felix Pena
Professora do IFMG Campus Ouro Preto
Novembro de 2021

SUMÁRIO

PROFESSORES TRANSFORMADORES: UMA REDE DE APRENDIZADOS INFINITOS

Ter a oportunidade de se unir em rede para criar e resistir. Continuar aprendendo sempre. Encontrar acolhimento para atravessar as dificuldades que surgem no caminho. Foi isso que, entre 2015 e 2021, a rede *Professores transformadores* buscou propiciar a todas e todos que se encontraram com a gente.

Ao longo desses anos, reforçamos uma certeza: uma boa Educação escolar pode ser libertadora e transformar a vida de muitos estudantes. Ao mesmo tempo, reconhecemos que a docência é uma profissão repleta de desafios e de desvalorização, que se manifestam cotidianamente, de várias formas. Não é nada fácil ser professora ou professor, mas é também por isso que se torna cada vez mais necessário nos apoiarmos mutuamente.

Foi assim que, em nossa rede, procuramos desenvolver práticas de formação continuada e de valorização docente. Durante seis anos muito intensos, lançamos campanhas digitais focadas no autocuidado docente, realizamos oficinas, rodas de conversa e palestras, produzimos mostras de filmes e publicamos relatos de experiências escritos pelas nossas professoras e pelos nossos professores colunistas. Alguns desses textos foram publicados em livros, como este, que lançamos agora.

Atuamos voluntariamente, mobilizamos colaboradoras e colaboradores de todo o país, enfrentamos algumas dificuldades e nos contentamos com as alegrias, que foram muitas e potentes. Nossa rede se mostrou dinâmica, viva, intensa, bonita. Torcemos para que, de alguma maneira, ela continue assim, mesmo após sua finalização.

Educar exige amor, coragem e esperança. Foi o que tentamos tecer, juntas e juntos, com os *Professores transformadores*.

1

SOBRE COMO ESTOU ENCONTRANDO MEU LUGAR NO MUNDO

Elodia Honse Lebourg

Minha relação com a Educação me atravessa de uma forma muito poderosa desde que me entendo por gente. Estudar e aprender fazem parte de mim, ensinar também. É assim que me reconheço no mundo: por meio dessa relação bonita que construo com os saberes. E confesso: nem me considero uma pessoa muito inteligente. Eu sou movida por curiosidades, por questionamentos e ousadias que me direcionam para o novo, para aquilo que ainda não conheço, para o que estou por descobrir. Essa escolha de percorrer a vida com a certeza de que sempre é tempo de aprender algo me enche de esperança, me faz um bem enorme. Foi mais ou menos assim que me graduei em História, que emendei uma pós-graduação em História do Brasil e outra em História Moderna e que, tempos depois, cheguei ao mestrado e, mais recentemente, ao doutorado em Educação. Já vivi a docência em salas de aula presenciais e digitais, quando fui professora do ensino fundamental e também do ensino superior. Nessas experiências, todas muito intensas, tive a certeza de que as escolas podem ser lugares promissores, pois colaboram para a realização de sonhos e para as boas transformações sociais, sempre tão urgentes e necessárias. Dessa vez, em minha terceira participação como coautora dos livros da rede *Professores transformadores*, os textos que trago, publicados originalmente em 2018, contam parte das minhas reflexões, alegrias e dificuldades quando lecionei em uma universidade pública, como professora substituta. Também selecionei textos com relatos mais gerais ou sobre minha atuação na educação básica. Ainda uma vez, ofereço-me ao olhar do outro, conto histórias bonitas e recupero memórias que continuam me inquietando. Olho para estes textos e reparo que, por meio deles, fui tecendo uma trama que me ajuda a perceber que não sei existir direito longe da Educação. Tornei-me professora por escolha, por paixão, por utopia. Continuo me tornando professora todos os dias e sigo acreditando, mais do que nunca, no poder transformador da minha profissão. Uma relação de amor infinito.

COMEÇANDO DO COMEÇO

Publicado em 05/03/2018

Atualmente, trabalho como professora substituta do Departamento de Educação de uma universidade federal. Sou professora da graduação em Pedagogia e também leciono para algumas turmas nas licenciaturas. Faz pouco mais de seis meses que comecei a viver essa experiência e ela tem sido mesmo intensa.

A cada novo semestre, tenho lecionado para turmas, disciplinas e cursos diferentes, o que tem exigido muito de mim. Além de estudar bastante, a todo tempo preciso me adaptar: as turmas e os cursos têm necessidades muito específicas, e cada disciplina requer que eu lide com ela de uma forma determinada.

Foi nesse contexto que recebi a notícia de que, no próximo semestre letivo, irei ministrar a disciplina de Introdução à Educação para a turma do 1º período do curso de Pedagogia. Quando vi meu nome no quadro dos encargos didáticos associado à turma que está ingressando no ensino superior, fiquei um pouco preocupada.

A princípio é possível pensar que uma turma que está iniciando sua jornada pela graduação não exija tanto esforço teórico por parte das professoras e dos professores. Por outro lado, a chegada à universidade é um momento importante nas vidas dos estudantes. É preciso recebê-los com calma e cuidado.

Ao ouvir minhas outras alunas e meus outros alunos sobre suas primeiras experiências na graduação, tenho aprendido o quanto o acolhimento logo na chegada é fundamental. Boas e más atuações de professoras e professores são marcantes, sobretudo nesse começo, quando os estudantes ainda estão se acostumando à nova realidade, e essas lembranças os acompanham ao longo de sua formação. É necessário compreender que eles ainda não estão familiarizados com a realidade do curso e que é preciso ajudar nesse processo de conhecer como funciona uma graduação. Será que sabem o que é uma resenha? Será que já fizeram um fichamento? Estão acostumados com uma aula que dura, em média, duas horas? Sabem como funciona um debate embasado teoricamente ou como um texto acadêmico deve ser lido? Já terão participado de um grupo de estudos? Afinal, será que entendem, de fato, o que é um curso de Pedagogia? E o campo da Educação, minhas novas alunas e meus novos alunos compreendem do que se trata? São muitas questões, muitas mudanças na vida de cada uma e de cada um. É preciso contribuir para que comecem a entender o que se passa com certa suavidade e segurança.

Minhas novas alunas e meus novos alunos estão iniciando a graduação em Pedagogia e eu, de certa forma, começo com eles. Será minha primeira experiência como professora de calouras e calouros. Tenho pensado muito em como, de minha parte, as nossas aulas serão construídas. Ao me preparar para a chegada desses estudantes à minha vida e à universidade, já escolhi quatro boas *companheiras* para o próximo semestre: escuta, paciência, empatia e orientação. E, claro, a certeza de que vamos aprender muito uns com os outros.

SOBRE ESTUDANTES QUE SÃO MÃES OU PAIS

Publicado em 02/04/2018

Como professora, cuido de não perder de vista o fato de que minhas alunas e meus alunos são pessoas com corpos, histórias, relações, medos, ansiedades, alegrias e sonhos. Mesmo lecionando para mais de 150 estudantes atualmente, tento perceber cada um individualmente, dentro do que cabe na especificidade de nossa relação.

Nos meus acordos de relacionamento com as turmas, construídos a cada início de semestre e frequentemente atualizados por mim e pelos próprios estudantes sempre que necessário, tento mostrar que toda dimensão humana será considerada em nossas disciplinas. Estamos, neste momento de nossas vidas, aprendendo uns com os outros e creio que todos possamos fazer um esforço (será mesmo um esforço?!) para nos percebermos como pessoas que somos.

Nesses combinados iniciais, considero que leciono para estudantes de licenciaturas e da graduação em Pedagogia, que são jovens ou adultos. É natural que parte deles tenha filhas e filhos. Da mesma forma, reconheço que, ao longo de todo um semestre de aulas, é possível que, em certas situações, minhas alunas e meus alunos não tenham com quem deixar seus bebês ou suas crianças. E, assim, assumo que todos são bem-vindos em nossas aulas.

As minhas alunas e os meus alunos que têm filhas ou filhos não precisam deixar de assistir às nossas aulas quando não tiverem quem cuide de suas crianças. Podem trazê-los sempre que quiserem ou necessitarem, independentemente de suas idades, se bebês de colo ou crianças maiores.

O risco de um choro ou de uma baguncinha pontual tirar a atenção da turma também não me assusta: certamente, em uma aula, outros fatores nos distrairão. Se um bebê chora durante a aula, aguardamos que se acalme. Se uma criança conversa mais alto ou se levanta e corre, isso não nos incomoda. Se nossa discussão pode conter termos ou assuntos inapropriados para serem ouvidos por uma criança, o que é pouco provável, amenizamos nosso diálogo, tomamos cuidado.

Tenho tentado construir essa consciência entre os estudantes, a de que cada componente da vida dos outros importa e interessa. Se uma professora ou um professor, especialmente na área da Educação, proíbe um estudante de levar ocasionalmente sua filha ou seu filho para a sala de aula, essa lógica precisa ser revista, pois parece haver uma falha no entendimento do que é um dos papéis da Educação, sobretudo em um país com tanta pobreza e com tantos problemas sociais como o nosso.

Se a sala de aula for, de fato, um espaço de humanização das relações e de acolhimento do outro, teremos ainda mais chances de construir uma Educação transformadora. Assim, que venham todos, estudantes, suas filhas e seus filhos. Que um estudante que seja mãe ou pai não precise mais deixar de assistir a uma aula por isso, porque essa não parece, de forma alguma, uma justificativa razoável.

A PROFESSORA CANSADA

Publicado em 16/04/2018

Essa professora não dá prova, né? A pergunta foi feita a uma colega por um aluno que quase nunca vai às minhas aulas. Ela respondeu que não e ele sorriu. Olhei de longe a cena, senti tristeza e cansaço...

Tenho percebido, nessa minha primeira experiência como professora do ensino superior, que boa parte dos estudantes já se desconectou de um *sentido* possível para sua formação, o de, por meio da Educação, contribuir com a transformação social. Na graduação muitos acabam seguindo um roteiro que envolve o mínimo de esforço possível, ainda que isso resulte numa construção de conhecimento rasa ou fragmentada.

Compreendo a *opção*. Noto que há um abismo entre a teoria discutida em sala de aula, no ensino superior, e o que os estudantes, futuras professoras e futuros professores, vão encontrar nas salas de aula da educação básica. Falamos de inclusão, de respeito à diversidade, da necessidade de planejamento, da importância de uma Educação democrática, mas nem sempre praticamos isso durante as nossas aulas. A consequência é que muitos estudantes *entram na dança* e a faculdade acaba se transformando em uma série de obrigações a serem mais ou menos cumpridas.

Por outro lado, mesmo com o entendimento desse contexto, que é muito maior que eu e minha prática, tenho percebido, em mim, certo cansaço. Busco agir coerentemente em cada aula que ministro. Preparo tudo o que me cabe cuidadosamente, considero as necessidades dos estudantes, ouço suas sugestões, tento atribuir um sentido para cada etapa das disciplinas. E não me esqueço de que, além da minha disciplina, minhas alunas e meus alunos estão matriculados em tantas outras, e que também têm outros compromissos e outras prioridades. Assim, tento levar textos mais leves e mais curtos, mas sem prejuízo à formação teórica. Apresento um cronograma possível, explico minhas escolhas, não proponho avaliações individuais e sem consulta (o terror dos estudantes), evito que os finais de período sejam conturbados.

Atuar dessa maneira exige de mim um esforço e um engajamento enormes. Mesmo assim, tenho observado que muitas de minhas alunas e muitos de meus alunos ainda não se deram conta do que estão fazendo ali, em nossa disciplina. É recorrente que me perguntem questões básicas sobre o curso ainda hoje, mais de um mês depois que tivemos nossa primeira aula. É mais comum ainda que, em uma turma com mais de 40 alunos, somente uns cinco tenham lido o texto proposto para basear nossa discussão. Os comentários com informações de *memes* costumam dominar o debate em sala de aula (não que isso seja completamente ruim, mas precisamos de referencial teórico em nossa formação). Isso cansa... Nessas horas, até compreendo as professoras e os professores que, desmotivados, deixam de investir na sua prática em sala de aula.

Certamente, precisamos repensar a organização dos processos de ensino-aprendizagem em sala de aula. É necessário reestruturar a formação escolar, da educação básica ao ensino superior. As aulas ou os momentos de formação precisam fazer sentido para todas e todos. É preciso motivar um desejo de estudar, de aprender, de ensinar. Já temos professoras e professores que estão tentando melhorar, na medida do que lhes cabe, algumas lógicas de ensino, porém é preciso lembrar que eles só conseguirão se tiverem um pouco mais de envolvimento dos estudantes. Uma transformação da Educação só será mesmo possível se todos os principais indivíduos envolvidos se prepararem melhor para ela. Fica o convite.

ADOECIMENTO DISCENTE

Publicado em 14/05/2018

Enxaqueca. Diarreia. Bronquite. Úlcera. Sinusite. Alergias de pele. Labirintite. Depressão. Síndrome do pânico. Colite. Asma. Vermelhidão nos olhos. Insônia. Perda de peso. Vômito. Pneumonia. Fadiga. Ansiedade. Queda de cabelo. Falta de ar. Prisão de ventre. Nos últimos dois meses, desde que o novo semestre foi iniciado na universidade em que trabalho, essas foram algumas das justificativas de faltas das minhas alunas e dos meus alunos às nossas aulas.

De doenças pontuais às crônicas e mais graves, passando por quadros de sofrimento psíquico, tenho observado que muitos estudantes estão doentes. E sou capaz de apostar que a dinâmica complexa do ensino superior tem contribuído bastante para o adoecimento desses jovens. Alguns deles têm sofrido tanto que passaram a precisar de medicação forte e controlada para ajudar a combater os sintomas provocados pelo excesso de compromissos, pela dificuldade de organizar o tempo e de lidar com os problemas e desafios que a vivência universitária tem trazido. Em função desses quadros, muitos desses estudantes têm sido reprovados por frequência ou baixo rendimento. Há, ainda, aqueles que trancam os períodos ou que abandonam a faculdade, que desistem de seus sonhos, porque não suportam a pressão cotidiana.

A frequência com a qual me deparo com esses casos tem me assustado, mas me lançado um alerta: sobretudo na área de formação de professoras e professores, em que atuo, temos nos afastado de uma prática coerente com muitos dos princípios que valorizamos (e acreditamos ensinar). As dinâmicas escolares, não só no ensino superior, mas também na educação básica, parecem estar invisibilizando o adoecimento dos estudantes. Frequentemente, o sofrimento físico ou psíquico dos estudantes tem sido percebido apenas como uma fraqueza específica do indivíduo. Ainda não temos nos dedicado suficientemente a refletir sobre a causa de tanto adoecimento e sobre como esses estudantes necessitam ser acolhidos, para que se curem ou para que fiquem menos doentes.

Eu, professora, do lugar que ocupo nas vidas das minhas alunas e dos meus alunos, observo e acolho. Sempre que possível, tenho me oferecido para conversar, para escutar alguns desabafos, para lamentar a dor que estão experimentando e para mostrar que não estão sozinhas ou sozinhos. Nessas situações, o que tenho encontrado são relatos de pessoas entristecidas, sem perspectivas de um futuro profissional que corresponda ao investimento e ao desgaste vividos – minhas alunas e meus alunos também estão cheios de medo.

A falta de sentido de um cotidiano desgastante tem feito esses estudantes sofrerem física e psicologicamente. Enquanto a universidade não repensa o seu lugar e os seus métodos, creio que nós, professoras e professores, precisamos procurar outras possibilidades. Um currículo que se aproxime do sentido que os estudantes buscam em sua formação, avaliações e didáticas menos ameaçadoras, um cotidiano que humanize as relações, em que todas e todos sejam ouvidos e considerados importantes. Um ótimo começo, que poderia resultar em estudantes menos doentes, amedrontados e tristes. Um sinal de que a Educação que estamos praticando se torne, um dia, realmente amorosa e transformadora.

ENTERNECER-SE

Publicado em 28/05/2018

Observo minhas alunas e meus alunos de longe. Dedicam-se à realização de uma atividade que propus para a aula do dia. Em um grupo, uma das estudantes lê em voz alta uma parte do texto. No outro, uma jovem escreve em seu caderno enquanto a colega pesquisa algo em seu *smartphone*. Na parte de trás da sala, as estudantes de outro grupo riem por um momento. A sala está barulhenta, alguns se desconcentram pontualmente, mas todos estão envolvidos com a prática.

Quando proponho alguma atividade para os estudantes, geralmente, vou até eles para contribuir para a discussão e conhecer as estratégias que criaram para sua resolução. Gosto dessas situações, de caminhar pela sala e de conseguir conversar mais de perto com todas e todos. Mas há momentos em que me afasto e aproveito para ficar reparando no jeito de cada uma e de cada um. A estudante que mexe nos cabelos enquanto lê, o rapaz que sempre faz uma piadinha. A moça tímida, com olhos desconfiados, sempre em silêncio, mas atenta a tudo. A colega extrovertida, que fala alto e que ri, de vez em quando, olhando para mim.

Fico dali, de um canto da sala, percebendo os estudantes envolvidos em suas próprias dinâmicas e em seus processos de ensino-aprendizagem, cada um à sua maneira. E me descubro imaginando suas histórias – as tantas que ainda não conheço e que, provavelmente, nunca conhecerei –, pensando em suas vidas além da nossa sala de aula... Olho para eles e não consigo evitar um sorriso. Sinto uma ternura imensa em momentos assim.

Tenho bons sentimentos em relação ao meu trabalho, mas a ternura é algo que me acompanha de forma especial desde minhas primeiras experiências como professora – uma sensação que senti poucas vezes em outros trabalhos. Até hoje, passados alguns anos desde que me tornei professora, sigo achando tão bonito observar minhas alunas e meus alunos realizando uma atividade, indo a uma aula prática ou, simplesmente, comparecendo às nossas aulas. A percepção de que estamos ali, juntas e juntos, trabalhando pela formação delas e deles, é valiosa para mim. Frequentemente, essa sensação de enternecimento me invade de uma maneira que parece me salvar de toda angústia provocada pela parcela de desvalorização que encontro em meu trabalho. Cada vez mais tenho entendido que, sem ternura, eu não daria mesmo conta de ser professora.

SERÁ QUE ESTOU LECIONANDO DIREITO?

Publicado em 11/06/2018

Quando comecei a lecionar para o ensino superior, senti muito entusiasmo diante da possibilidade de atuar com estudantes jovens e adultos. Imaginei, por isso, que os debates fluiriam e que poderíamos dedicar nossas aulas à análise e à discussão dos textos das disciplinas de forma um pouco mais aprofundada.

Que engano!

Logo nas primeiras aulas, notei que os estudantes não tendiam a se concentrar nas aulas expositivas, que nem sempre liam os textos propostos e que poucos participavam das discussões. Inicialmente, fiquei sem saber como agir, mas fui assumindo que precisava repensar minha prática, dessa vez no ensino superior.

Desde então, tenho feito a opção por aulas mais dinâmicas. Tento, dentro do que dou conta (porque também estou em formação), adotar uma postura mais coerente com aquilo que defendemos como uma prática pedagógica criativa. Por isso, procuro evitar aulas somente expositivas, preparo mais atividades em grupos, experimento práticas com mapas mentais, jogos teatrais, desenhos etc. Tem sido frequente, em nossas aulas, que minha atuação se baseie em uma fala inicial e em outra de fechamento e que, ao longo delas, os estudantes percorram, por meio dos materiais que disponibilizo, os seus próprios caminhos.

Enquanto as alunas e os alunos constroem suas respostas e seus aprendizados, sigo por perto. Vou aos grupos, escuto, opino, ajudo a sistematizar alguma informação. Em outros momentos, observo e vou tentando notar se as discussões estão acontecendo de forma produtiva.

Esse exercício de adaptação a uma proposta didática que pode ser mais interessante aos estudantes tem me dado muito trabalho. Minha formação, nem de longe, é suficiente para me ajudar a promover aulas mais atrativas, o que tem exigido de mim um esforço especial de pesquisa, criação e aprendizagem.

Mesmo assim, surgiu, em mim, um novo tipo de angústia. *Será que estou lecionando direito?*, pergunto-me frequentemente. É curioso isso. Estou certa de que, como professora, o meu lugar não é (ou não deveria ser) o de detentora de um saber que os estudantes ainda não têm. Também reconheço que uma Educação democrática e amorosa requer que a produção de conhecimento seja protagonizada por todos, o que demanda que eles atuem ainda mais em nossos encontros. E percebo que minhas alunas e meus alunos não estão muito interessados nos modelos de aulas mais tradicionais que eu tentava ministrar e que têm gostado dos nossos novos caminhos.

Mesmo considerando tudo isso, ainda não me libertei da ideia de que ministrar aulas exige a presença de uma professora ou de um professor que ocupe a maior parte dos espaços, que fale muito, que determine cada aspecto do planejamento, que decodifique e explique tudo. Mas isso não é completamente ruim, devo admitir: a angústia acaba chegando para me lembrar que não estou mesmo pronta como professora, que preciso seguir experimentando, construindo, desconstruindo... E assumo que tudo isso não deixa de ser, mesmo que me incomode, bonito. Sigo até hoje, mesmo depois de tantos tropeços, arriscando a me construir como uma professora implicada com sua prática.

PROFESSORAS E PROFESSORES TAMBÉM SÃO GENTE

Publicado em 25/06/2018

Cheguei e os estudantes, agitados como sempre, não me perceberam. Atravessei a sala andando rápido, deixei meus materiais sobre a mesa e avisei: *turma, vou fazer xixi rapidinho e já volto.* Um silêncio. Alguns estudantes me encararam com ar de perplexidade. Enquanto ia para o banheiro, pensei no que havia acontecido ali: que reação foi aquela, sobretudo numa turma tão barulhenta e que tinha uma dificuldade imensa para se acalmar no início das aulas?

Situações assim aconteceram outras vezes na minha carreira. Sempre que a minha dimensão humana ou física aparece um pouco mais em sala de aula, noto que alguns estudantes estranham. Às vezes, tenho a impressão de que minhas alunas e meus alunos desconsideram que existo para além da sala de aula. É como se, a cada aula, eu me materializasse à frente deles e que só existisse em função da minha prática.

Assim como elas e eles, tenho um corpo, adoeço, sinto dores e cansaço. Às vezes, estou mais agitada, menos concentrada, impaciente. E também há aqueles momentos em que estou contente demais, eufórica com as alegrias da vida. Tudo isso interfere na minha prática. E não estou certa se minhas alunas e meus alunos têm consciência disso.

Noto que se exige, das professoras e dos professores, que escutem as demandas dos estudantes, que considerem sua cultura extraescolar, seus contextos de vida, suas subjetividades, seus corpos e suas histórias. Não importa quantas alunas e quantos alunos tenhamos, é comum escutarmos que precisamos dar conta de propor um atendimento individualizado. Mas e o contrário? Será que é possível começar a propor que as turmas considerem a humanidade das professoras e dos professores?

Anos atrás, quando perdi minha avó, senti demais isso. Toda a escola soube da partida dela, porque faltei dois dias de trabalho. Voltei para a escola ainda com olheiras de tanto chorar, visivelmente entristecida. Dentro do que era possível para mim, naquele momento, ministrei as aulas que me cabiam, mas, nem sabendo da minha dor, alguns estudantes se compadeceram um pouco. As turmas seguiram agitadas, ouvi piadas sobre meu semblante, não consegui trabalhar direito. Foi muito cruel viver aquilo, sobretudo depois de uma perda tão significativa.

Perceber as professoras e os professores e seu esforço de fazer um bom trabalho é essencial para que a Educação escolar se renove. Ir para a sala de aula não deveria causar a sensação de que estamos chegando num campo de batalhas onde somos o inimigo a ser combatido. Somos pessoas com desejos, medos, alegrias e tristezas. Isso não deveria assustar os estudantes.

O FIM DO PERÍODO

Publicado em 09/07/2018

O final do período na universidade onde trabalho está se aproximando. Muito em breve, as turmas concluirão as disciplinas que estão cursando e começarão as férias: um momento de merecido descanso dos estudantes, das professoras e dos professores.

Também está chegando a hora de nos despedirmos uns dos outros. Tenho começado, por isso, a observar minhas alunas e meus alunos com certa nostalgia. Esse encontro semanal, com cada turma, logo deixará de existir para sempre. Sei, por experiências anteriores, que nunca mais me encontrarei com alguns desses estudantes, que nos afastaremos completamente.

Assim, especialmente nas últimas aulas que ministro em cada turma, procuro conversar sobre a importância de uma prática docente reflexiva e me coloco à disposição dos estudantes para quando precisarem de mim. Dá um aperto no coração, mas observo que predomina um sentimento bonito de esperança. Acredito muito nos jovens, nas adultas e nos adultos que estudam comigo. Querem ser professoras e professores e noto que muitos estão mesmo empenhados em sua formação.

Agora, com as disciplinas sendo encerradas, eles continuam seguindo em direção à conclusão dos seus cursos de licenciatura, e eu fico, daqui, na torcida para que, de uma forma positiva, eu possa ter sido capaz de contribuir com suas travessias pela graduação. No *balanço* da minha atuação como professora neste semestre, espero ter sido coerente com o que acredito, delicada e acolhedora nos momentos certos. Desejo que meus pedidos de desculpa tenham sido aceitos e que eu tenha contribuído para que possam se tornar, um dia, boas professoras e bons professores. E, claro, que saibam onde me encontrar, que tenham certeza de que podem contar sempre comigo.

OS ESTUDANTES VÃO E EU FICO

Publicado em 06/08/2018

Sabemos que a escolarização formal é marcada por um processo que tem um início e um fim. Esse início é representado pela chegada dos estudantes à escola (ou à universidade) e por momentos carregados de novidades e expectativas. Do outro lado desse percurso, está sua conclusão. Aqui, muitas vezes, os estudantes chegam esgotados, mas a sensação de vitória está lá: conseguiram concluir a formação e, agora, deixam a escola. Esse momento, muitas vezes, é marcado por rituais que envolvem celebrações. Os estudantes, mesmo que com algum receio do que está por vir, festejam.

Na universidade onde leciono atualmente, as formandas e os formandos decoram o saguão principal com *banners* em que fotos de seus rostos estão retratadas com um aviso de contagem regressiva. Falta pouco para a colação de grau e para o baile de formatura. Nas minhas experiências anteriores, no ensino fundamental, os rituais de comemoração também eram muito intensos, com churrascos ou viagens, além das cerimônias realizadas na escola.

Sempre observei esses momentos com muita alegria, mas também me percebo experimentando, até hoje, a estranha sensação de observar minhas alunas e meus alunos *partindo* da escola, prestes a iniciarem novas experiências, e eu *ficando* por ali. Por algum tempo, especialmente no início da minha trajetória como professora, essa angústia vivida à época das formaturas me incomodou. Precisei de esforço para desconstruir a ideia de que eu não estava *parada no tempo* e que, de alguma forma, meu papel como professora envolvia justamente a oportunidade de reviver certos ciclos, processos e rituais.

Para diminuir a sensação ruim que eu experimentava, tratei de atribuir novos significados às partidas de minhas alunas e de meus alunos, procurei investir em meu cotidiano como professora e compreender que ele, certamente, supera a lógica das travessias dos estudantes. A minha travessia, ali na escola, é outra. A cada ano, vou tentando melhorar a minha prática, aprendo novos conteúdos, supero desafios. Nem de longe a minha rotina se parece com uma mera repetição.

Os estudantes vão embora e eu realmente fico. Quando fico, vivo problemas que nunca imaginei viver. E os resolvo, na medida do possível. Quando fico, não é como se estivesse destinada a repetir sempre uma mesma história. Eu fico para criar algo novo, para avaliar minha prática e tentar transformar, mais e mais, novos sujeitos, que, dali a pouco, partem para se tornar, eles mesmos, agentes potentes de transformação. Isso é, finalmente percebi, muito bonito.

EU SOU UMA SÓ

Publicado em 20/08/2018

Certamente, adoecer faz parte da nossa condição humana, mas tenho observado que nós, professoras e professores, estamos cada vez mais esgotados. Comigo tem sido assim há anos. Sobretudo em fins de semestre ou de ano letivo, tenho ficado doente.

A rotina docente envolve o planejamento das aulas, as aulas ministradas, a correção de atividades. Há, ainda, reuniões pedagógicas, as relações com os estudantes e suas famílias. Além disso, é preciso pensar no desenvolvimento de projetos e na coordenação de atividades extracurriculares. Para todas e todos, a necessidade de formação continuada acompanha cada passo da rotina. Pós-graduação, mestrado, doutorado, congressos, publicação de artigos, cursos complementares: para ressignificar nossa prática, precisamos assumir que nossa formação é constante, e isso dá muito trabalho.

Assim, a rotina de uma professora ou de um professor envolve a formação do outro e a sua própria formação. Tudo isso dentro de um sistema, geralmente sucateado, que não oferece uma boa estrutura para que o trabalho ocorra adequadamente. Não é fácil. Se associarmos a isso as outras dimensões da vida (corpo, família, casa, relações etc.), é possível entender o quanto nossa rotina é complicada.

A minha é. Desde que me formei professora, há 15 anos, a docência é uma prática que, muitas vezes, me massacra. Ao longo da minha trajetória profissional, em diversos períodos, estive distante da sala de aula presencial, porque precisava reorganizar meus sentimentos e minha relação com a docência. Por vezes, pensei que nunca mais voltaria a ser professora, porque entendia que não dava conta de assumir, com responsabilidade, todas as demandas necessárias para o que considero uma *boa* atuação profissional.

Somente com o tempo fui entendendo que *eu sou uma só* e que, uma vez que minha atuação se dá em uma área profissional pouco valorizada pela sociedade, eu poderia deixar de me responsabilizar exclusivamente pelo que não funcionava no meu dia a dia como professora. Entendi que nem sempre poderia exercer minha profissão em uma condição ideal, esperada e transformadora. Tenho me absolvido, então, dessa culpa. E tenho tentado organizar melhor a minha rotina para que as exigências da minha profissão não me esgotem tão completamente.

Sigo me formando, estudando, repensando minha prática, planejando aulas que considerem os desejos e as necessidades dos estudantes. Mas tenho buscado me divertir mais, descansar aos finais de semana, tirar férias *de verdade*. Cuido melhor da minha saúde, me alimento bem, não me permito mais ministrar aulas com fome ou com sede. Faço cursos em áreas que não necessariamente se relacionam com minha profissão, mas que me trazem conhecimento e me fazem bem. Estou em movimento, mas desacelerando um pouco.

Temos falado de humanizar nosso olhar em relação às professoras e aos professores e isso é curioso: somos seres humanos, mas é como se isso não fosse óbvio para todas e todos. É importante que a prática docente seja percebida considerando sua dimensão humana, seus limites e a necessidade de que se compreenda que esse trabalho só será bem-sucedido se as professoras e os professores, como profissionais, forem valorizados. Enquanto isso ainda não acontece, creio que cabe a nós irmos encontrando nosso próprio ritmo e o respeitando.

A PROFESSORA MEGERA

Publicado em 03/09/2018

Moro em uma cidade que sempre recebe excursões de estudantes interessados em conhecê-la. Crianças e jovens vêm aqui para aprender um pouco mais sobre a história da Inconfidência Mineira, da colonização portuguesa, da mineração do ouro e do Barroco. Penso que vir a Ouro Preto-MG, com a escola, é uma oportunidade incrível para aprender e também para se divertir.

Os estudantes vivem transitando pela cidade. Eu os identifico porque andam em grupo, vestem seus uniformes, falam alto e parecem estar muito alegres. Apesar disso, muitas vezes noto que as professoras e os professores que os acompanham agem de forma quase oposta: parecem impacientes, xingam e tentam ordenar seus comportamentos a todo custo.

Bem-feito que caiu! Eu falei pra prestar atenção por onde andava! Ouvi uma professora esbravejar diante de um aluno estatelado no chão, tempos atrás. O menino parecia ter uns 7 ou 8 anos. Passei por eles, vi a cena e senti alívio por não ser uma professora como ela. *Uma megera*, pensei.

Minha redenção, no entanto, não durou muito tempo. A situação presenciada logo fez com que me lembrasse que, anos atrás, trouxe uma turma do ensino fundamental para conhecer o centro histórico da cidade. Àquela época, sempre que saíamos da escola, tínhamos o cuidado de combinar tudo o que podíamos e o que não podíamos fazer, mas, daquela vez, algo deu errado.

Enquanto subíamos uma rua, caminhando juntos, percebi que três alunas não estavam no grupo. Olhei para os lados procurando as estudantes e não as encontrei. Parei e perguntei aos colegas se tinham visto para onde as meninas haviam ido e ninguém me respondeu. Foi com muita insistência que me contaram que elas tinham combinado de se encontrar com alguns rapazes de uma escola próxima dali. Acho que nunca passei tanto aperto em minha vida! Meu coração disparou, fiquei trêmula e não sabia o que fazer! Ia atrás delas? Chamava a polícia? Ligava pra escola? E o resto dos estudantes que estavam comigo? Como deixá-los calmos sendo que eu estava quase desesperada?

Sem saber o que fazer, paramos ali mesmo, na calçada, e ficamos esperando. Depois de longos minutos, as três apontaram no início da rua, serelepes e sorridentes. Subiram correndo até a gente. Mal chegaram e eu despejei toda a minha raiva e preocupação nas três. Xinguei muito e em voz alta. Falei do risco que elas tinham corrido, do desrespeito com o nosso combinado e do quanto elas haviam me colocado em uma situação complicada.

À medida que eu esbravejava, a alegria das três jovens foi diminuindo... Quando me dei conta, notei que algumas pessoas que transitavam pela rua olhavam para gente com estranhamento, e que os colegas estavam assustados e constrangidos.

Continuo, até hoje, lembrando dessa história com o coração apertado. E se algo acontecesse às meninas que estavam sob minha responsabilidade? A minha reação, entendo, demonstrou o desespero que senti, o medo de que algo terrível tivesse acontecido a elas. Só que, mesmo justificada, as minhas outras alunas, os meus outros alunos, as próprias estudantes fujonas e os transeuntes não sabiam disso ou, se sabiam, a minha reação demonstrava somente a raiva que eu estava sentindo.

Aquela não foi uma situação boa de se presenciar: eu, professora, esbravejando com três estudantes no meio da rua. Reconheci isso logo em seguida e precisei de muito tempo para dar conta de *desembolar o nó* que acabei contribuindo para criar. Naquele dia, não consegui, dadas as circunstâncias, assumir uma conduta amorosa e educar com afeto e compreensão. Não me culpo por isso, mas reconheço que agi como uma professora *megera*, assustada e em desespero. Desde então, ando mais atenta à forma como reajo ao que acontece de ruim ou de inesperado quando estou com os estudantes. Um exercício necessário para eles e para mim.

RELAÇÕES AMOROSAS COM ESTUDANTES

Publicado em 17/09/2018

Tenho construído minha prática como professora a partir de uma proposta que humaniza minha relação com os estudantes. O combinado é que a gente se trate sempre bem, com delicadeza e respeito. Procuro, além disso, optar por aulas em que todos se sintam à vontade e seguros para serem quem são e para construírem seu conhecimento sobre o que estamos estudando à sua maneira.

Mesmo assim os desafios são constantes. E, quando sou professora de estudantes jovens, adultas ou adultos, um desses desafios é aprender a lidar com os pontuais casos em que alguns deles se enamoram por mim.

Tenho muita reserva com professoras e professores que se relacionam amorosamente com suas alunas e seus alunos. Reconheço que uma relação entre docentes e discentes é uma relação de poder. Há uma hierarquia, independentemente da forma como se praticam as relações de ensino-aprendizagem. A professora ou o professor pode ter uma conduta amigável, mas avalia, atribui notas, chama atenção, corrige, propõe mudanças. É dela ou dele a decisão sobre conceder uma *segunda chance* ou não. É ela ou ele que, muitas vezes, mostra o caminho que os estudantes deverão percorrer e que define as principais regras das disciplinas que ministra.

Assim, sempre defendi que esse limite, o das relações amorosas, não deveria ser ultrapassado por uma professora ou um professor, ainda que o estudante fosse um indivíduo já adulto. Há muitas questões que precisam ser pensadas a esse respeito. Creio que, se uma professora ou um professor se envolve amorosamente com uma pessoa que é sua aluna, essa relação não deixa de acontecer na sala de aula. Assim, a confusão entre a amorosidade e a disciplina estudada pode afetar a forma como o estudante aprende e, em certa medida, afetará toda a turma. Se, por algum motivo, a relação se interrompe no meio do processo, esse é outro complicador. Se se trata de um relacionamento abusivo ou problemático, pior ainda.

Mas há outra questão importante: como lidar com o estudante que está apaixonado pela gente, especialmente aquele que se declara?

Ainda tenho aprendido sobre isso, mas tenho tentado, quando isso acontece, deixar claro que a minha relação com a pessoa não vai extrapolar esse lugar estabelecido inicialmente, que seguirei sendo a professora e o outro, meu aluno ou minha aluna. Mostro, num diálogo o mais claro e suave possível, que faz parte da minha conduta ética e política de professora não me envolver amorosamente com os estudantes.

Mas o que se passa do *outro lado*, do ponto de vista da aluna ou do aluno? Nem sempre os estudantes que recebem meu *não* compreendem meus motivos. Às vezes, noto que isso repercute na forma como lidam comigo em sala de aula ou mesmo em sua disposição para aprender o que estou tentando construir junto. Faz parte, creio. A profissão docente traz consigo a necessidade de aprendermos a lidar com o outro, com suas histórias e com seus desejos. Às vezes, viramos *alvo* desses desejos. A forma como reagimos a essas situações, com o estabelecimento de limites e trazendo de volta a relação de ensino-aprendizagem para um primeiro plano, diz muito do nosso próprio entendimento sobre como encaramos nossa profissão e nossa prática.

NINGUÉM SE IMPORTA

Publicado em 1º/10/2018

Na minha turma do ensino médio, todos os meus colegas adoravam um dos nossos professores. Ele era mais jovem que os demais, e considerado engraçado e bonito. Eu, no entanto, não o suportava, porque ele fazia piadas machistas frequentemente. Não tinha a menor paciência com ele e sempre me mantive o mais distante possível.

Apesar disso, até hoje me lembro de uma ocasião em que esse professor chegou à nossa sala muito abatido. Entrou quieto, colocou seu material sobre a mesa, nos cumprimentou e avisou que estava sentindo dores fortes na cabeça e que, por isso, precisava que a aula fosse mais calma naquele dia. Nenhum dos meus colegas acolheu o pedido do professor: continuaram conversando alto, rindo às gargalhadas e arrastando as carteiras. A aula foi muito tumultuada. Eu olhava para o professor e me afligia pelo seu desamparo diante da dor que parecia sentir e por ter de trabalhar mesmo precisando de repouso. Foi a única vez em que dei conta de ter um sentimento mais empático por ele. Entendia que não precisava gostar dele para respeitar o seu pedido.

Infelizmente, algo similar aconteceu comigo dias atrás. Estava muito resfriada e com a garganta irritada, mas optei por não faltar ao trabalho. Ao longo daquele dia, percebi que estava um pouco febril e até considerei cancelar a aula da noite, mas tive receio das minhas alunas e dos meus alunos não serem comunicados a tempo e irem para a faculdade à toa. Por isso, encarei o compromisso e fui.

Assim como meu professor do ensino médio, logo no início da aula, informei aos estudantes que não estava me sentindo bem e que precisava da consideração deles em relação ao meu estado físico. Pedi com *jeitinho*, mas não fui atendida: havia muita desatenção, conversas paralelas, barulho, estudantes rindo, outros usando aleatoriamente seus telefones. Mesmo doente, para ser ouvida e compreendida, eu falava alto e repetidamente. Logo, fui sentindo ainda mais mal-estar e uma vontade enorme de ir para casa descansar.

Pedi mais uma vez, com serenidade, que a turma colaborasse comigo. Não adiantou e, então, perdi a paciência. Falei mais alto, num tom sério, e alterei meu semblante. Só assim consegui quebrar aquele ciclo de desatenção e ruído. O restante da aula transcorreu de forma mais suave, mas reconheço que isso não aconteceu em função dos estudantes terem percebido meu corpo adoecido e assentido com meu pedido inicial. A mudança de comportamento veio porque me impus de forma enérgica.

Naquela noite, mesmo adoecida, fui trabalhar, porque tive cuidado com aqueles estudantes. Pensei neles quando optei por enfrentar mais uma saída de casa. Por que será que eles não foram capazes de respeitar o meu pedido? Será que não perceberam que eu estava mesmo precisando da colaboração de todas e todos para que a nossa aula acontecesse num ritmo em que eu desse conta de trabalhar mais confortavelmente? Ou será que não se importaram comigo? O que leva os estudantes a ignorarem pedidos de ajuda de suas professoras e seus professores?

Ainda pertencemos a uma cultura que acredita que os sacrifícios se confundem com a forma como nos comprometemos com o nosso trabalho. Colocamos o emprego em primeiro plano e não respeitamos nosso corpo, nosso adoecimento, nossa necessidade de cuidado. Na docência, uma profissão que envolve uma interação complexa com o outro, nas situações nas quais nossa fragilidade não é acolhida, isso pesa de uma forma absurdamente ruim. E a desvalorização docente também passa por aí: pela falta de empatia com a professora ou o professor, com seu corpo e com suas tentativas de fazer um trabalho bem-feito, mesmo que esteja adoecido.

UMA MONTANHA-RUSSA CHAMADA DOCÊNCIA

Publicado em 12/11/2018

Você está se sentindo bem?

Não, ele não estava. Naquela noite, meu aluno chegou cedo à sala, sentou-se e respirou como se tivesse dado um curto suspiro. Observei a cena, que se repetiu algumas vezes, e foi aí que perguntei como ele estava. O rapaz, então, deu vazão a algo que me pareceu uma crise de ansiedade. Tinha dificuldades de respirar, tremia e ficou muito suado. Fui até ele. Perguntei se podia tocá-lo e o envolvi com um dos braços, com alguma firmeza e delicadeza. Conversei baixinho, até que ele se acalmou um pouco. Sugeri que ele fosse para casa, para descansar e procurar ajuda médica ou de sua família. Um colega, que também estava na sala, o acompanhou. Em seguida, ministrei uma aula sobre gestão e planejamento escolar, por uma hora e meia, para mais de 30 alunas e alunos.

A rotina docente é assim. Em uma sala de aula pode acontecer de tudo. O conteúdo a ser ministrado, frequentemente, é extrapolado por outras situações, cotidianas ou não. Em uma mesma aula, percebo olhares ternos e olhares mordazes dirigidos a mim. Há estudantes que anotam o que estamos discutindo, enquanto outros olham, distraídos, para seus *smartphones*. E há essas situações de urgência e emergência, que também podem acontecer.

Ainda estou aprendendo a, como professora, lidar com tudo isso sem me esgotar física e emocionalmente. Tento perceber que há um sentido em tudo o que acontece em uma sala de aula, do conteúdo aos imprevistos. E tenho entendido que é necessário conversar ainda mais sobre essas situações, para aprender a agir pedagogicamente diante delas. Quando o assunto é a interação humana, é preciso estar minimamente preparado para encarar o que vier.

Creio que a docência é uma das profissões que mais exige a habilidade de sabermos nos relacionar socialmente. O trabalho das professoras e dos professores envolve o contato com dezenas de estudantes a cada aula ministrada. Lidamos com eles, com os conteúdos a serem trabalhados, com as crises. Tudo isso, muitas vezes, nos tira do lugar. Porque não é mesmo fácil dar conta de desenvolver uma boa prática docente diante de tantas questões. Quando me perco nessas dificuldades e fico achando que a docência se parece mesmo com uma montanha-russa, lembro que, mais do que nunca, eu, professora, sou necessária. A minha intervenção, firme e delicada, pode ser a diferença na vida das minhas alunas e dos meus alunos em um determinado momento. Desse papel não abro mão.

UM FIM

Publicado em 26/11/2018

Passou tão rápido. A ansiedade dos primeiros dias foi superada. Não há mais expectativas, a experiência foi vivida. Hoje, já sei o quanto aprendi com/sobre as minhas alunas e os meus alunos.

Ao final de cada período, como agora, aqueles rostos já são conhecidos meus. Sei seus nomes e conheço algumas de suas histórias. Pelos semblantes, já consigo perceber se estão bem, cansados, adoecidos... Não sei fazer de outro jeito. Importo-me com elas e com eles. Enterneço-me ao vê-los. Sigo observando-os enquanto fazem alguma atividade e isso sempre me traz uma sensação boa.

Eles farão falta.

Pela primeira vez, em oito anos, deixarei de ser professora. Ainda não me acostumei à ideia. Mais que a falta do emprego, ando incomodada por não ocupar esse meu lugar na docência. Sigo achando meu ofício muito difícil, muito complicado. Ao mesmo tempo, a minha prática faz de mim quem eu sou, me melhora. Foi na Educação que descobri um sentido bonito e potente para canalizar toda a minha energia e meus sonhos de melhorar um pouco o mundo.

Passou mesmo rápido. E foi incrível.

2

NARRATIVAS DE (TRANS)FORMAÇÃO DA PROFESSORA QUE SOU

Fernanda Saldanha

Vivo uma relação de afeto e compromisso com a Educação, e os textos que apresento aqui foram escritos como se fossem relatos de uma história de amor iniciada quando eu ainda era uma guriazinha e me movia por um desejo imenso pelo conhecimento. Essa gana de aprender me acompanha desde sempre e isso explica meu encantamento pela Educação, que me mobiliza e me fez percorrer um caminho tão bonito, desde o curso profissionalizante de Teatro, até, finalmente, tomar a decisão: *quero ser professora!* Daí, vieram a imersão na licenciatura em Teatro, os cursos, as oficinas e os seminários que tanto agregaram à minha formação. Em seguida, ingressei na rede municipal de ensino, em que realmente aprendi – e aprendo diariamente – a ser professora. Também me aventurei pelo mestrado profissional em Artes. Um percurso repleto de experiências significativas e de conhecimentos construídos com os estudantes. Integrar a rede *Professores transformadores* também foi uma vivência formativa importante para mim, pois tive a oportunidade de exercitar um olhar ainda mais atento à minha prática, agora por meio da escrita de relatos de experiência. Os textos que compõem este capítulo são reflexões do meu dia a dia na Escola Municipal de Ensino Fundamental Alfredo Scherer, espaço que me acolheu, que apoia minhas ideias e incentiva o voo dos estudantes, das professoras e dos professores. São considerações de um período de muitas mudanças e muitos desafios causados pela pandemia de COVID-19, que assolou o mundo. Também são reflexões que contribuem para a (des)construção da professora que sou, o que me leva sempre a afirmar que a Educação permanece(rá) sendo minha maior crença. Como cria da universidade pública, luto por Educação gratuita e de qualidade para todas e todos, sem distinção. Acredito que um mundo mais justo, mais humano e mais sensível é possível! Continuarei sendo essa sonhadora, que reconhece o potencial da Educação e da Arte para transformar vidas. A minha foi transformada!

APRENDER SEMPRE

Publicado em 04/05/2020

Das poucas certezas que tenho na vida, as mais significativas são: nunca saberei o bastante, sempre posso aprender mais e as experiências nos transformam. Eis-me aqui, para aprender mais (ao refletir sobre minha prática, trocar ideias com colegas e dialogar por meio da escrita) e viver uma nova experiência (ser colunista da rede *Professores transformadores*).

Há cinco anos, aprendo a ser professora e acredito ainda mais no poder da Educação. Há cinco anos, compartilho sonhos meus, delas, deles, nossos; e vivo diariamente o *chão da sala de aula*. Há cinco anos, entrei, pela primeira vez, na escola como professora de Arte. Claro que passei pelos estágios na graduação e, ainda, participei do Programa Institucional de Bolsas de Iniciação à Docência (PIBID), mas foi quando adentrei na realidade escolar que decidi assumir aquela responsabilidade.

Sou uma entusiasta da Educação, escolhi ser professora-artista por paixão e convicção: paixão pelo Teatro, pela Educação e, principalmente, pelos encontros que isso tudo nos proporciona. Convicção no poder transformador da Educação e da Arte, no encantamento e no brilho nos olhos para despertar o protagonismo dos estudantes por meio de projetos que tornem a aprendizagem realmente significativa para todas e todos que estão envolvidos no processo.

Agora que estamos vivendo em meio à pandemia de COVID-19, um momento complexo para todas e todos – crianças, adolescentes, jovens, adultas, adultos, idosas e idosos –, talvez essa seja uma oportunidade para repensarmos nossa prática docente e nos reinventarmos como professoras e professores. Desse modo, poderemos construir novos ambientes de aprendizagem e sacudir o modelo escolar que carregamos desde o início do século XIX.

Acredito que manter o vínculo socioafetivo com os estudantes seja importante para esse período turbulento pelo qual estamos passando, afinal, não estamos de férias. As crianças, os adolescentes e os jovens não podem passear ou brincar na rua, não sabemos quando voltaremos às escolas. Como afirma o professor e fundador da Escola da Ponte, José Pacheco, "as escolas não são prédios, são pessoas e as pessoas aprendem umas com as outras". Portanto, precisamos estar dispostos a reconhecer que não sabemos tudo – ainda bem! – e que aprender com os estudantes pode ser mágico.

Agora que iniciamos essa reflexão, conto uma breve história. Nesta manhã, um estudante do 6º ano, de uma das escolas municipais em que trabalho, entrou em contato comigo por meio de uma rede social: *oi, tudo bem? Posso te fazer uma pergunta?* Antes que eu respondesse, lá estava a indagação: *quanto é 24 mil dólares convertendo para nosso dinheiro?* Fiquei curiosa pela pergunta, mas não questionei o motivo. Acessei o Google, procurei um conversor de moedas, fiz a conversão, enviei para ele e copiei o site, caso precisasse novamente. Ele agradeceu e, imediatamente, começou a me contar sobre seu sonho, suas pesquisas e seus planos.

Ele sonha em viajar pelo mundo, está guardando dinheiro para construir um *motorhome*, porque pesquisou muito e entendeu que construir é melhor do que comprar pronto, pois terá um custo menor e poderá ser do *jeito que ele quiser* – palavras dele. Ele enviou fotos e um vídeo, me explicou sobre o melhor lugar para colocar a caixa d'água, para não congelar quando passar por lugares muito frios, falou sobre como adaptar a mesa para virar uma cama e que, no seu projeto, há espaço até para uma máquina de lavar... Enfim, em nossa conversa, ele me ensinou bastante.

Dessa forma, confirmei, mais uma vez, a afirmação citada anteriormente: "as escolas não são prédios, são pessoas e as pessoas aprendem umas com as outras". E, assim, reforço minhas poucas certezas, declaradas no início do texto, que sempre tenho algo para aprender e que o conhecimento é construído. Nós, professoras e professores, não *transmitimos* nada, abrimos janelas para que os estudantes descubram o mundo com seus próprios olhos e torcemos para que esse olhar seja sensível e afetuoso.

REFERÊNCIA

WEB TV UNDIME BAHIA. *A escola não é um edifício, são as pessoas* (live com José Pacheco), 24/04/2020. Disponível em: https://bityli.com/9qDDB. Acesso em: 4 maio 2020.

O QUE NOS CONECTA?

Publicado em 18/05/2020

"São tempos difíceis para os sonhadores..." A famosa frase do filme *O fabuloso destino de Amélie Poulain* é mais atual do que nunca. Estamos passando por algo que jamais imaginei e acredito que muitos de vocês, professoras e professores, também não: dois meses vivendo em distanciamento ou isolamento social provocado pela pandemia de COVID-19 e sem previsão de término. Já discutimos tanto sobre isso, todos os dias... São inúmeras as matérias, os *posts*, as *lives*, os webinários, mas é necessário continuar falando, principalmente quando ouvimos sobre a possibilidade de algumas escolas privadas voltarem às aulas ainda no mês de maio de 2020 e de escolas públicas retornarem em junho.

Sem a certeza de quando poderemos retornar às escolas sem riscos para a saúde e para a vida de estudantes, professoras, professores e demais profissionais que compõem a equipe escolar, diversas estratégias estão sendo adotadas pelas redes de ensino: aulas programadas, atividades remotas, aulas virtuais. Os nomes são muitos, contudo, é importante lembrar que isso não é Educação a Distância (EaD), pois essa é uma modalidade de ensino não permitida na educação básica. O que temos, na Lei de Diretrizes e Bases da Educação Nacional (Lei n.º 9.394/1996), é uma exceção que permite atividades remotas em situações de emergência, como essa que estamos vivendo.

De um lado, estamos buscando alternativas para chegar até nossos estudantes, por meio de vídeos, documentos em PDF, *links*, áudios e imagens enviados todos os dias, nos grupos de *WhatsApp* das turmas, no *Google Classroom* ou em outras plataformas específicas de cada escola, além das atividades impressas para aquelas e aqueles que não têm acesso à internet. Muitas professoras e muitos professores estão fazendo o melhor possível nas condições impostas. Nunca tivemos tantas mensagens para responder e é preciso lembrar que vários de nós também temos filhas ou filhos, então precisamos ajudá-los com suas atividades escolares.

Na outra ponta – mas não em lados opostos –, temos as famílias, que também estão precisando se adaptar a essa nova realidade, reorganizar a rotina, administrar as emoções das filhas e dos filhos e auxiliar nas atividades escolares. Precisamos segurar firme essa *corda*, professoras e professores de um lado, família do outro, para que nossas crianças, nossos adolescentes e nossos jovens atravessem esse período pandêmico em segurança.

Pensando nisso, tenho iniciado as mensagens aos estudantes com um: *olá, [nome]! Como você está?* E eles me respondem sempre com um: *tô bem. E você, professora?* Ao final, encerro com *cuide-se!*, e eles, geralmente, respondem *você também!* Pronto! De maneira singela, reforço um vínculo que será aprofundado à medida que o contato for mantido, no momento que tiverem dúvidas, quando enviarem as atividades realizadas, quando mostrarem a foto da maninha ou do maninho que nasceu recentemente, ou enviarem um vídeo para apresentar o jogo de tabuleiro criado, ou, ainda, o artesanato feito com a mãe, que reutilizou filtros de café.

Quando acontecem situações como essas, sinto-me realmente emocionada, porque é nisso que acredito, na potência da afetividade e na produção de conhecimento com os estudantes como protagonistas. Ressalto que não tenho receio de que nosso papel, de professoras e professores, deixe de ser importante, afinal, somos mediadores desse processo e nossa participação é fundamental.

Conteúdos? Sim, são necessários, mas precisam ser significativos e dialogar com o momento. Há crianças perdendo familiares, outras sem comida em casa: essa realidade não pode ser ignorada. Do mesmo modo, é preciso focar na saúde mental das professoras e dos professores, que também tem sido, mais uma vez, afetada. Urge que se tenha compreensão de ambas as partes.

Nada será como antes. Nós, professoras e professores, não seremos iguais, os estudantes também não. E quando essa pandemia não for mais uma ameaça às nossas vidas, voltaremos às escolas e ressignificaremos nossa conexão com os estudantes. Essa conexão não se dará por meio do *wi-fi*, mas do encontro, da mediação das professoras, dos professores e do protagonismo dos estudantes no processo de ensino-aprendizagem.

E POR FALAR EM EDUCAÇÃO

Publicado em 1º/06/2020

Tenho sentido dificuldade e cansaço para abordar com frequência toda a complexa questão que envolve a pandemia de COVID-19, as preocupações, o ensino remoto emergencial e a possibilidade de retorno às escolas, mesmo que esses assuntos estejam pulsantes em nossas mentes, nos grupos de professoras e professores e nas redes sociais. Por isso, hoje trago uma reflexão sobre algo que me incomoda muito e que tem aumentado nesse período pandêmico: o fato de que tantas pessoas se sentem no direito de maldizer o trabalho docente e de criticar a Educação por meio de comentários muitas vezes agressivos e, outras tantas, baseados em *achismos*.

Não costumo ficar me lamentando, falando do salário (que é baixo e injusto), nem reclamando da indisciplina (que é presente e dificulta nosso trabalho), tampouco da falta de valorização do nosso ofício (que é real e com a qual convivemos diariamente). Entretanto, algo que me aflige especialmente é a facilidade e o descuido com que muitas pessoas – homens e mulheres, de diversas idades e de profissões não relacionadas à Educação – falam sobre a escola e o trabalho docente.

Escolhi ser professora. Tive poder de escolha, fui privilegiada, mas reconheço que muitos não têm essa oportunidade. Repito: eu escolhi ser professora. Sou professora porque quis e quero, acredito, sonho e luto. Não foi a opção que sobrou para mim ou a mais fácil para ingressar na universidade. Se alguém começa assim, o risco de se tornar um profissional frustrado é maior do que se tivesse escolhido a profissão.

Para ser professora da educação básica, o mínimo exigido é cursar uma graduação com duração de quatro anos. Na formação inicial, deve-se estudar, além dos conteúdos específicos, disciplinas de Fundamentos da Educação, Psicologia da Educação, Gestão Pública da Educação, além de realizar estágios obrigatórios e, muitas vezes, participar de projetos de iniciação à docência.

Contudo, são poucas as professoras e os professores que param por aí. Geralmente, seguimos fazendo cursos de formação continuada, ingressamos em pós-graduações, em nível de especialização, seguimos para o mestrado e nos estendemos até o doutorado. Além dessas formações acadêmicas, estamos em constante construção docente e aprendemos todos os dias, em sala de aula, com as crianças, os adolescentes e os jovens com os quais convivemos.

Isso tudo me leva a questionar como é possível que tantas pessoas se sintam em condições de criticar algo que desconhecem, afinal, quem vive a realidade cotidiana da sala de aula, enfrentando os desafios que surgem a todo instante e refletindo sobre teorias e práticas educacionais diariamente, são as professoras e os professores. Ter sido estudante e ter filhas e filhos em idade escolar não dá aval para maldizer o trabalho docente, nem para supor que somente essa pessoa tenha as soluções para os problemas da Educação. Existe espaço para o diálogo e é fundamental que ele aconteça, e, justamente por isso, é imprescindível que se leve em consideração a professora ou o professor, sua experiência, sua formação.

Há que se ter muito cuidado ao expressar duras opiniões sobre algo que desconhecemos, sobre uma realidade que não é a nossa. Isso vale para tudo na vida. Particularmente, nesse período de pandemia, nós, professoras e professores, estamos trabalhando tanto quanto – ou muito mais – fazíamos presencialmente, considerando que a organização deve ser intensa e tem sido desafiadora para darmos conta desse momento inédito.

O vínculo entre sociedade e escola precisa ser ainda mais fortalecido nesse momento. Necessitamos, mais do que nunca, do apoio, da participação e do acompanhamento na vida escolar das crianças, dos adolescentes e dos jovens. Estamos do mesmo lado, lutando por Educação de qualidade, que é direito dos estudantes. Quando dialogamos sobre a escola, não podemos deixar de ouvir aquelas e aqueles que vivem a prática cotidiana da Educação: as professoras e os professores.

AS PROFESSORAS DA PROFESSORA

Publicado em 15/06/2020

Lembro-me claramente do rosto dela, professora Nilza, a *profe* da 1ª série. Busco encontrar uma explicação para o meu apreço por ela – não que seja necessário, mas, além dos abraços diários e dos pirulitos em datas especiais, creio que deva haver outro motivo. Talvez seja porque ela me ensinou a ler e a escrever, e isso foi algo muito significativo na minha vida. Não foi apenas a alfabetização, mas uma apresentação de mundos... O mundo das letras, dos poemas, do saber, da escola, da Educação e tantos outros que descubro a cada dia pelo simples fato de ler e escrever.

Encontro meu caderno da 1ª série e, em uma folha mimeografada, colada no primeiro dia de aula, está a mensagem: *você está aqui para construir o seu mundo da leitura e da escrita. Dirija o barco! Vá... Navegue... Descubra... Estou com você nesta aventura. Faremos uma linda viagem. Com muito amor, professora Nilza* – é incrível como o texto vai ao encontro do significado simbólico que ela tem em minha vida.

Fui encorajada pelas palavras da professora e, a partir daquele momento, assumi a direção e comecei a navegar, sempre buscando e seguindo orientações de outras tantas professoras que passaram pela minha vida e contribuíram na minha construção humana, social e profissional.

Sinto que foi o fascínio pela docência e o amor com que a *profe* Ivani dava suas aulas que me fizeram querer ser professora, pois considero a afetividade um fator extremamente importante para o processo de ensino-aprendizagem. Aprendi melhor com as professoras com as quais tinha mais afinidade. Memórias marcantes da minha vida escolar envolvem o que está para além da sala de aula: a escolha do time de futebol; uma prova em que ditei as respostas e a professora escreveu, porque eu estava com as duas mãos machucadas; uma ligação da professora para minha mãe me deixar ir à primeira excursão da turma, em que alegou que eu era boa aluna; uma despedida emocionante da saída da professora daquela escola; a presença na minha festa de aniversário...

Paulo Freire já nos dizia que a amorosidade é necessária para a produção do conhecimento e que o rigor técnico-científico não invalida essa relação afetuosa com os estudantes. Em minha prática, não abro mão do afeto, penso que ele é um elo forte e fundamental que conecta os envolvidos no processo educacional. E considero que isso seja preciso, em todos os níveis da Educação, desde a infantil até a graduação ou a pós-graduação, especialmente em cursos de licenciatura, pois sabemos que o ser humano aprende também pelo exemplo.

O que a professora ou o professor faz, senão apresentar mundos e encorajar a adentrar mares ou levantar voos? Ou, ao menos, acredito que é isso que deveríamos fazer, afinal, temos um papel muito importante na vida dos estudantes que encontramos na caminhada escolar. Temos um poder que precisa ser usado da maneira certa: podemos impulsionar sonhos a serem realizados, mas também podemos sufocar sonhos que acabarão por nunca serem concretizados.

Tenho muito a agradecer às professoras que me despertaram para o voo. Alcei voos altos e sigo voando, na busca de ser uma professora que estimule voos, como minhas professoras e meus professores fizeram (e fazem) comigo. Nilza, Ivani, Orlanda, Márcia, Fabiana, Elemar, Teresinha, Ione, Luciano, Laura, Renata, Marcia, Lucia, Amauri, Silvia, André, Raquel, Cândice, Adriana, Zé Renato, Heloise, Flavio, André, entre tantas outras e tantos outros... Minha gratidão e meu reconhecimento!

REFERÊNCIA

FREIRE, Paulo. *Pedagogia da autonomia*: saberes necessários à prática educativa. São Paulo: Paz e Terra, 2010. 148 p.

QUE EMPATIA SEJA VERBO DE AÇÃO

Publicado em 29/06/2020

"empatia (s.f.): não é sentir pelo outro, mas sentir com o outro. quando a gente lê o roteiro de outra vida. é ser ator em outro palco. é compreender. é não dizer 'eu sei como você se sente'. é quando a gente não diminui a dor do outro. é descer até o fundo do poço e fazer companhia para quem precisa. não é ser herói, é ser amigo. é saber abraçar a alma." Essa é a definição que o poeta João Doederlein deu para a *empatia*. De maneira resumida, digo que é a capacidade de se colocar no lugar do outro e de não fazer, para o outro, aquilo que eu não gostaria que fizessem para mim.

Empatia passou para a lista das *palavrinhas mágicas*, visto que é de extrema importância e necessidade que ela faça parte dos nossos dias, em todos os lugares, em todas as situações, com todas as pessoas, sem exceção. Está tão *na moda* que é uma das Competências Gerais da Educação Básica na Base Nacional Comum Curricular (BNCC), associada ao termo *cooperação*: "exercitar a empatia, o diálogo, a resolução de conflitos e a cooperação, fazendo-se respeitar e promovendo o respeito ao outro e aos direitos humanos, com acolhimento e valorização da diversidade de indivíduos e de grupos sociais, seus saberes, identidades, culturas e potencialidades, sem preconceitos de qualquer natureza".

Parece estranho que, no ano de 2020, ainda precisemos falar, enfatizar e documentar que é preciso se colocar no lugar do outro, que o respeito é uma via de mão dupla, que somos um povo com uma diversidade riquíssima em todos os sentidos, e que é imprescindível reconhecer, acolher e considerar todas essas diferenças, sem que elas nos separem, mas que nos aproximem para conhecer e aprender mais sobre o outro, sua cultura, seu modo de vida, pensamento, religião ou orientação sexual.

Quando dizemos que não é preciso ser negra ou negro para lutar contra o racismo, nem mulher para combater o machismo, nem homossexual para se opor à homofobia, estamos afirmando que essas lutas são de todos nós, seres humanos! Se destacamos que *vidas negras importam*, é porque todas as vidas importam, mas as vidas negras são diariamente atacadas pelo simples fato de serem negras. Se gritamos *parem de nos matar* é porque muitas e muitos de nós morrem apenas por serem mulheres, gays, lésbicas ou pessoas trans. Uma luta não deslegitima a outra, elas se agregam e, juntas, tornam-se mais fortes.

Nesse momento em que estamos vivendo, com a pandemia de COVID-19 – em que aulas são enviadas por plataformas on-line, professoras e professores seguem cotidianamente se adaptando, estudantes buscam novos modos de aprender e famílias auxiliam como podem –, é fundamental exercitar a empatia. Nós, professoras e professores, precisamos refletir ainda mais sobre como tornar nossas aulas significativas para a vida dos estudantes – é tão prazeroso planejar uma aula e pensar que aquela seria uma aula que você gostaria de ter... Os estudantes necessitam de mais dedicação e engajamento com os estudos, e as famílias têm de se comprometer ainda mais com os estudos das filhas e dos filhos. Também é importante ressaltar que os governos têm um papel importante nessa equação tão complexa, pois são eles que criam as condições de trabalho para os profissionais da Educação, que promovem meios para que essa Educação seja realmente inclusiva, com todas aquelas e todos aqueles que, em breve, retornarão às escolas.

Como sociedade, empatia não pode ser apenas uma palavra bonita e *da moda*, precisa ser prática constante. É indispensável que consigamos deslocar nossa posição, abrir nossa mente, sair da nossa *bolha* e nos colocar no lugar do outro. Jamais para ocupar o seu lugar de fala, mas para somar nossas vozes, unir nossas forças. Que a empatia seja uma ação comum, para nunca sair de moda e que passe a ser uma constante em nossas vidas, presente e praticada nas escolas. Se for preciso, que nós, professoras e professores, possamos mostrar, pelo exemplo, que empatia é competência, não apenas da BNCC, mas de seres capazes de serem verdadeiramente humanos. Acredito que um mundo mais justo, mais humano, mais sensível e empático é possível! Precisamos começar já!

REFERÊNCIAS

BRASIL. *Base Nacional Comum Curricular (BNCC).* Educação é a base. Brasília: MEC/CONSED/UNDIME, 2017.

DOEDERLEIN, João. *O livro dos ressignificados.* 1. ed. São Paulo: Paralela, 2017. 215 p.

DA INDIGNAÇÃO À AÇÃO

Publicado em 26/08/2020

Em minha curta trajetória docente, já ouvi todo tipo de reclamações e pensava: *se eu chegar a esse ponto, vou fazer outra coisa da vida, porque preciso estar motivada para desempenhar meu ofício de modo a inspirar os estudantes.* Hoje, após cinco anos em sala de aula, entendo melhor algumas das angústias e lamentações das colegas e dos colegas.

Como se manter motivada quando o sistema é embrutecedor? Quando a burocracia toma o tempo que poderia ser usado para planejar aulas ainda melhores? Quando as decisões são tomadas sem que nós, que estamos no *chão da sala de aula*, sejamos consultadas? Quando nossa saúde mental não é levada em consideração? Quando planejam o retorno às aulas presenciais em meio à pandemia de COVID-19, que ainda não está sob controle, e quando não há uma vacina para a população?

Fica difícil, colegas.

Eu, recém-formada, vinda de um curso de licenciatura em Teatro, com a pretensão de *transformar o mundo*, imersa no pensamento de Paulo Freire de que a Educação muda as pessoas e as pessoas transformam o mundo, era irredutível quanto a isso. Continuo sendo, mas o desgaste emocional é imenso perante tudo que enfrentamos.

Temos entendimento da complexidade que essa situação inédita impõe a todas e todos – gestoras, gestores, professoras, professores, estudantes, famílias – e, com empatia, conseguimos compreender cada realidade, porém, o que fica evidente é justamente uma falta de empatia com as professoras e os professores, que não são ouvidos nem consultados. Isso não é novidade, mas, neste momento, mais do que nunca, é fundamental que quem está na *linha de frente* da Educação, que vive a realidade diária com crianças, adolescentes e jovens, em diversos contextos, tenha sua voz valorizada.

Acredito que colegas de todas as redes, tanto públicas, quanto privadas, estão encarando um cenário muito parecido, de preocupação imensa com relação ao retorno presencial das aulas. Precisamos nos fortalecer e é necessário que tenhamos espaço de diálogo com nossos pares. Esse possível retorno presencial às aulas ainda durante a pandemia é um assunto que não se esgota. É imprescindível nossa participação.

Muito me entristece constatar que o trabalho docente é tão subestimado. Contudo, isso não pode nos paralisar. Essas inquietações nos colocam em alerta e em movimento. Não há nada como a experiência para que possamos reavaliar certas questões e refletir sobre nossas opiniões e práticas. Algumas vezes reclamamos que os estudantes não nos escutam, mas o exemplo vem da sociedade, dos governos. A sensação é de que tudo converge para que desistamos. Mas nós resistimos.

Até quando?

O QUE SERIA ESSE *NOVO NORMAL*?

Publicado em 07/10/2020

Acredito na Educação como uma potente força transformadora, capaz de revolucionar vidas. Compreendo que essa mudança começa por mim e em mim. Se me afeto pelas experiências vividas e estou disponível para o que acontece, tenho a possibilidade de inspirar os demais, professoras e professores ou estudantes.

Talvez você esteja se perguntando como essa conversa se relaciona com a pandemia de COVID-19 que estamos enfrentando. Pois bem, esclareço! Há seis meses, vivemos um contexto inédito e que alterou nossas vidas em muitos sentidos, desde a rotina, até o distanciamento e o isolamento social, passando pelo uso de máscaras de proteção toda vez que saímos de casa. No nosso caso, como professoras e professores, trouxemos, de certa forma, as salas de aula para nossas casas. Nossos *smartphones* e *notebooks* passaram a ser o meio de contato com os estudantes, que, por sua vez, tiveram de se adaptar a essa situação e assumir a autonomia em seus estudos, com o auxílio e a supervisão das famílias.

Muitas professoras e muitos professores já conheciam esse *tal* de *home office*, afinal, não é de hoje que trazemos trabalho para casa. Isso torna a docência uma profissão cansativa e pouco atrativa para os jovens, visto que o trabalho é muito, que não há reconhecimento – tanto pela sociedade, quanto pelos governos, e aqui podemos citar a questão salarial –, e que a desvalorização e o desrespeito com que somos tratados, em diversas situações, acabam desmotivando mesmo aquelas e aqueles que pareciam *invencíveis*.

Além de todas as mudanças, esse período tem trazido à tona algumas discussões importantes e foi pensando nelas e no quanto somos e queremos ser transformadores que tenho buscado refletir. Temos escutado muito – inclusive, usei essas palavras em meus textos – que nós, professoras e professores, nos ressignificamos, nos *reinventamos* para superar os desafios impostos pela pandemia. No entanto, me questiono: e já não fazíamos isso desde sempre, todos os dias? Quando chegamos à escola e não temos folha para o xerox, ou quando o projetor estragou e a aula estava preparada para ser com *slides*, ou quando precisamos nos dividir entre duas ou mais escolas, trabalhar em três turnos, e ainda preparar aulas significativas e corrigir todas as avaliações... Esses são somente alguns dos muitos exemplos do quanto precisamos nos adaptar diariamente, mesmo sem pandemia, nas aulas presenciais.

Ainda que não propositalmente, acabamos romantizando certas práticas e situações nossas e dos estudantes. Aqui na região onde moro, no Rio Grande do Sul, foi notícia nos jornais o caso de uma família que montou uma tenda no meio da lavoura para o filho estudar, pois era o local que tinha melhor sinal de internet. Pelo Brasil afora, vemos outras matérias, como as de professoras e professores que caminham por 30 quilômetros e que atravessam até riachos com água pelo pescoço para atenderem aos estudantes indígenas ou de comunidades longínquas; ou como a história do menino que, todos os dias, senta-se no banco de uma praça para se conectar ao *wi-fi* de um açougue, para conseguir acompanhar as aulas e realizar suas atividades escolares.

Enquanto aceitarmos isso como *normal* e pensarmos que é obrigação de cada uma ou de cada um fazer o que tem feito, nada se transformará. O poder de transformação da Educação está, também, em nos fazer pensar, dialogar e agir na sociedade, em não admitir tanta desigualdade social, em não esperar que, depois de uma pandemia, tenhamos um *novo normal*.

E o que seria esse *novo normal*?

Desigualdades acentuadas? Mais evasão escolar? Profissionais da Educação com saúde mental abalada? Estudantes desmotivados? Não quero acreditar em um *novo normal*, nem o desejo. Espero e batalho para que tenhamos uma grande transformação no modelo de ser escola. Para isso, a transformação precisa começar imediatamente. E isso também mobiliza a mim, as minhas práticas com meus estudantes, para que haja um eco que reverbere para outros colegas, outras escolas, outras cidades, e que o sonho de uma Educação pública de qualidade seja possível de se tornar realidade neste país.

AO ENCONTRO DA POESIA PERDIDA

Publicado em 18/11/2020

Oito meses do início oficial da pandemia de COVID-19 no Brasil, cumprindo distanciamento ou isolamento social. Oito meses com escolas fechadas e aulas acontecendo remotamente, de uma nova rotina, de trabalho triplicado, de adaptações de todo tipo. Professoras e professores se adaptaram às câmeras fechadas, a falar por/para uma tela de computador ou por meio de PDFs. E os estudantes? Também tiveram de se organizar para manter os estudos em dia, criar um jeito de aprender sem o acompanhamento presencial das professoras e dos professores. Mas e quem é professora ou professor e, além disso, é estudante (como é o meu caso): como foi dar conta de todas essas mudanças?

É comum ouvirmos sobre a importância da formação continuada para docentes e sobre a necessidade de fazermos especialização, mestrado e doutorado. Mas, quando decidimos investir tempo e, muitas vezes, dinheiro nisso, nem sempre temos apoio das secretarias de Educação ou até mesmo das escolas em que trabalhamos, sejam públicas ou privadas. Agora, imagine passar por isso em tempos de pandemia, de negacionismo da Ciência, de corte de recursos da Educação, de salários congelados... Haja saúde mental! E por falar nela: como vai a sua?

Tenho entendido que é difícil manter a saúde mental em meio a uma pandemia, em um país que a tratou, desde o início, como uma *gripezinha* e deixou que morressem mais de 163 mil brasileiras e brasileiros. E, se você é professora ou professor e também estudante, sabe que é necessário fazer um esforço, digamos, dobrado. Para muitas e muitos de nós, ansiedade e estresse se tornaram companhias quase diárias, seguidas de procrastinação, da sensação de impotência e medo. Ah, e sem deixar de produzir – porque os currículos precisam ser alimentados –, de colocar um sorriso no rosto e dar um *bom dia* feliz aos estudantes para minimizar a angústia que, muitas vezes, nos acompanha.

Precisamos dar atenção ao autocuidado, buscar momentos de lazer, descobrir maneiras de relaxar e encontrar a *poesia* perdida... Aquela que gera o encantamento de estar em sala de aula, mas que, frequentemente, se esvai na burocracia dos diários de classe, na dureza dos currículos, na falta de tempo para planejamento e, agora, em todas as adaptações, novidades e desafios que envolvem esse período da pandemia.

Particularmente, é essa *poesia* que me mantém acreditando no poder da Educação, na força transformadora que ela tem. Não é uma romantização da profissão docente, mas um acreditar que "a utopia é algo necessário e... realizável", como afirmou José Pacheco (2009, p. 127). Mesmo quando acreditamos, a situação, por vezes, já é difícil... Se não acreditamos, ela pode ficar insustentável.

Este ano está sendo complicado, cheio de incertezas e de grandes desafios. No entanto, sinto que preciso voltar meus olhos para as coisas miúdas, as singelas realizações, falar e escrever mais sobre elas, afinal, mesmo que discretamente e em pequena proporção, elas acontecem e nos motivam, nos encorajam a continuar.

REFERÊNCIA

PACHECO, José. *Pequeno dicionário das utopias da Educação*. Rio de Janeiro: Wak Editora, 2009. 148 p.

A POESIA ESTÁ NO QUE FAZ OS OLHOS BRILHAREM

Publicado em 24/02/2021

A poesia está no que faz os olhos brilharem. Entendo, aqui, *poesia* como algo relacionado à leveza, à sensibilidade, ao encantamento e à magia. Nas próximas linhas, mostrarei como cheguei a essa conclusão.

Todos sabemos o quanto 2020 foi difícil e desafiador, especialmente em relação à pandemia de COVID-19. Por isso, tenho pensado na necessidade de iniciar o novo ano letivo em busca do que nos entusiasma e motiva. Sendo assim, apresento a vocês o projeto *Protagonismo feminino em histórias reais, narradas para crianças em audiolivros*, ou *Elas por Elas*.

Oriento esse projeto desde 2017, quando estimulei a turma de 9º ano da Escola Municipal de Ensino Fundamental Alfredo Scherer, de Venâncio Aires-RS, a refletir sobre questões relacionadas às mulheres e ao tratamento dado a elas pela sociedade. Isso porque os estudantes se mostraram preocupados com as referências literárias que as crianças têm, em casa e na escola, acerca das mulheres – frequentemente retratadas, em contos de fadas, como princesas frágeis, salvas por príncipes, acordadas por beijos sem consentimento, submissas e sem poder de decisão sobre a própria vida.

Após debatermos o tema, a turma decidiu que poderia tentar fazer algo para minimizar essa situação. A ideia foi a criação de um audiolivro com a biografia de mulheres protagonistas de suas histórias. As escolhidas foram: Anne Frank (menina judia, capturada pelos nazistas, que morreu em um campo de concentração durante a Segunda Guerra Mundial), Caá-Yari (indígena, deusa da erva-mate), Carolina Maria de Jesus (brasileira, negra, catadora de papel, escritora), Frida Kahlo (pintora mexicana que teve sua vida marcada por tragédias pessoais) e Malala Yousafzai (jovem paquistanesa, militante dos direitos das meninas de irem à escola, mais jovem vencedora do Prêmio Nobel da Paz).

Durante todo o ano de 2017, nas aulas de Arte, desenvolvemos esse projeto. Em pequenos grupos, meninas e meninos se organizaram, pesquisaram sobre aquelas mulheres, algumas já estudadas pela turma, reescreveram suas biografias e as adaptaram para uma linguagem infantil. Feito isso, ensaiaram, gravaram as histórias, editaram (para acrescentar efeitos sonoros) e, juntas e juntos, decidimos levar nosso audiolivro às escolas para que as crianças pudessem conhecê-lo.

Planejamos e realizamos, com o apoio do transporte da Secretaria Municipal de Educação, a entrega do material em todas as escolas da cidade. Nessas entregas, uma das estudantes da turma realizava a contação de uma das histórias e, em seguida, promovíamos um bate-papo sobre protagonismo feminino, *bullying*, preconceitos, miséria, intolerância, empatia etc.

Nesses quase quatro anos, o *Elas por Elas* construiu uma trajetória que nos faz sentir orgulho da nossa Educação pública! Além do primeiro audiolivro, em 2018, fizemos a versão em espanhol da história de Frida Kahlo e realizamos uma campanha para a indicação de mulheres da nossa cidade para comporem o segundo audiolivro, produzido em 2019. A caminhada por feiras e mostras de trabalho iniciou lá em 2017 mesmo: nos apresentamos na Mostra de Trabalhos da nossa escola, fomos selecionados para a Mostra Municipal de Trabalhos Escolares de Venâncio Aires, na qual alcançamos o credenciamento para a MOSTRATEC Júnior 2017 (Mostra Internacional de Ciência e Tecnologia), momento em que conquistamos o 1º lugar e o credenciamento para a FECITEC Girasoles 2018 (Feira Internacional de Ciência e Tecnologia), no Paraguai, quando conquistamos o 3º lugar e o credenciamento para a Cientec, no Peru. Nessa ocasião, recebemos credenciamento para a CIENCAP, em Asunción, no Paraguai (2021). Também nos apresentamos na VI Mostra Venâncio-airense de Cultura e Inovação do IFSul, e ficamos entre os Projetos Destaque. Em 2019, fomos finalistas do Desafio Criativos da Escola e, em 2020, fomos premiados no mesmo desafio e no edital Venâncio Multicultural. Nesse comecinho de 2021, já tivemos a alegria de estar entre os finalistas da Febrace (Feira Brasileira de Ciências e Engenharia), promovida pela USP.

Nossos olhos brilham quando falamos do projeto. Tanto os meus quanto os das jovens, Kelli Gutterres e Kellen Hoffmann, que seguiram desenvolvendo as ações, mesmo depois de terem concluído o ensino fundamental e ingressado em outras escolas. Aí está a poesia... Que nós, professoras e professores, possamos encontrar motivos que façam nossos olhos brilharem, para que, em meio a tanta desvalorização e desrespeito, consigamos ter coragem de seguir sendo transformados e transformadores.

UMA HISTÓRIA DE AMOR

Publicado em 26/05/2021

Meados da década de 1990. Venâncio Aires, uma pequena cidade do interior do Rio Grande do Sul. Uma guriazinha começava a frequentar a escola e mal podia imaginar que aquele era o começo de uma história de amor entre ela e a Educação. A pequena, que não ouvia histórias de livros em casa e que fazia suas lições sozinha, conheceu o mundo das letras e avistou as janelas que o conhecimento podia abrir.

Essa menina era eu.

Pouco mais de 25 anos depois, completo meu sexto ano como professora da rede municipal dessa mesma cidade. Em tão pouco tempo, vivi tantas experiências, aprendi bastante... Desconstruí certezas, construí afetos e criei laços. Escolhi a profissão que me faz feliz.

Aquela história de amor, iniciada na 1ª série, segue sendo a história de amor mais longa já vivida por mim, com altos e baixos, como em toda boa história, com momentos de extrema alegria e outros de muita tristeza. A Educação permanece sendo minha maior crença.

Diante de tantas mudanças e desafios que nós, professoras e professores, sempre nos deparamos e que, desde o ano passado, foram intensificados devido à pandemia de COVID-19 e todas as restrições que ela impôs, acredito que a relação de amor com a Educação seja um caminho mais bonito e menos sofrido. Minha intenção não é romantizar a docência, nem diminuir os problemas estruturais, pedagógicos e sociais que a escola enfrenta. Entretanto, não consigo imaginar minha prática sem amor, sem encantamento, sem muita dedicação.

Questiono-me constantemente se sou a professora que gostaria de ter, se consigo ter, em minha prática docente, um pouquinho das minhas professoras, que foram e são inspiração. Busco sempre ser uma professora melhor, pois os estudantes merecem. Com amor, conduzo minha prática, trato os estudantes, sou tratada e, assim, sigo tentando ser uma pessoa melhor a cada dia.

Entendo que, obviamente, nem só de amor se faz Educação! É preciso amor? Sim, e muito! É preciso também coragem, resistência, engajamento!

Mas é preciso condições de trabalho, escolas com espaço físico apropriado e profissionais valorizados. Em outros termos, é necessário que haja políticas educacionais efetivas, para que alcancemos a tão sonhada Educação pública de qualidade.

Essa história de amor entre a Educação e eu – que até integrou o memorial do processo criativo realizado na minha pesquisa de mestrado profissional em Artes (2020) – é o que me faz acordar diariamente acreditando que a escola é um espaço democrático, de construção de conhecimentos, de socialização e que por ela existir temos a chance de viver em um mundo melhor para todas e todos.

REFERÊNCIA

SALDANHA, Fernanda. *A busca por um Teatro do Real na escola*: o processo de criação de Re.Vi.Ver com fragmentos autobiográficos. 2020. 88 f. Artigo e Memorial do Processo de Criação Artística (Mestrado Profissional em Artes) – Universidade do Estado de Santa Catarina, Florianópolis, 2020.

3

OS CAMINHOS QUE ME CONDUZEM À DOCÊNCIA

Maisa de Freitas

Os caminhos que me levaram à docência tiveram origem muito cedo, ainda na infância. Não que eu já soubesse que seria professora, longe disso, mas vários momentos fertilizaram em mim o encantamento pela escola. Desde pequena, ainda sem saber ler, eu costumava brincar de escolinha com os materiais da minha irmã e era comum pedir a ela, já alfabetizada, que lesse para mim os gibis que ganhávamos. Certa vez, percebi que ela não estava lendo, mas inventando as histórias. Sentindo-me enganada, apesar da sua criatividade inventiva, disse que seria questão de tempo até que eu mesma pudesse lê-las. Quando ingressei na pré-escola, com a sensação de encantamento por aquele novo ambiente, finalmente, aprendi a ler com a minha saudosa professora Juraci. A leitura impactou significativamente a minha vida e a escola se tornou o meu lugar no mundo. Anos depois, na graduação, escolhi a área da Geografia por querer compreender um pouco mais desse mundo, mas o interesse pela docência ainda não havia germinado completamente dentro de mim. Faltava pouco. Foi quando realizei o meu primeiro estágio na universidade como monitora de um museu de solos, rochas e minerais e passei a ter contato com diversos estudantes que visitavam o acervo que pude reviver, com potência, a escola dentro de mim. A possibilidade de ser professora agora me causava muito ânimo, embora, sob essa perspectiva, eu pudesse enxergar melhor a complexidade do universo escolar, cheio de relações de poder e contradições. Não foi um processo fácil. Ao longo dos anos, fui compreendendo que a professora que estava nascendo em mim precisaria se reconhecer como ser humano sempre inacabado, carregado de emoções, falho, mas também com grande potencial criativo e engajador. Os textos aqui selecionados abordam alguns desses momentos de constante construção da minha carreira, marcada por erros e inseguranças, mas também por muito afeto e práticas exitosas. Com eles, procuro trazer a mensagem de que ser professora não é um ato mecânico, isolado, mas uma construção diária, conjunta, repleta de humanidade e que a caminhada só faz sentido se também envolver amor, coragem e esperança. Eu escolhi continuar!

PRIMEIRO DIA DE AULA

Publicado em 21/02/2018

Em uma manhã de agosto de 2012, entrei na escola com antecedência e lá algumas professoras e alguns professores já aguardavam, com um semblante um tanto desconfiado, no corredor próximo à secretaria. Era o momento da designação, uma seleção de professoras e professores ainda não concursados para ministrar aulas nas escolas públicas, como era o meu caso. Eu era recém-licenciada em Geografia, acabava de completar 24 anos e tinha apenas meus documentos e um diploma na mochila. No momento em que a diretora chegou, entreguei a documentação necessária, assim como os demais, e esperei ansiosamente por um: *está tudo certo com os seus documentos, você tem uma vaga!* Se desse certo, seria o meu primeiro dia de aula como professora.

Eu nunca havia pensado nisso até então, que as professoras e os professores também têm os seus primeiros dias de aula. A vaga apareceu e fiquei bem feliz, mas não tive muito tempo para comemorar. A diretora, após anunciar que eu tinha conseguido, também me disse: *depois que você assinar os documentos, já pode ir para a sala, a sua aula começará logo em seguida!* Fiquei em choque! Eu não sabia que o sistema funcionava dessa maneira e não havia preparado nenhuma aula. Imaginei que teríamos um tempo para preparar os conteúdos e nos organizar. Afinal, que conteúdo eu ministraria? Não sabia nem em quais turmas iria lecionar! Ingenuidade minha, ou despreparo mesmo, coisa de iniciante.

Comecei a ficar nervosa e, com isso, me atrapalhei nas assinaturas dos documentos. No espaço disponível para preencher a data referente àquele dia, coloquei a minha data de nascimento. Não podia rasurar. Pedi outra folha, com constrangimento, para repetir o processo, ao mesmo tempo em que queria retardar aquele instante para respirar e raciocinar sobre o que faria na sala de aula com estudantes que nunca tinha visto. Deu tempo apenas de pensar: *por que não perguntei antes como isso funcionava?*

Assinei os documentos e fui orientada a conhecer os meus horários na secretaria. Feito isso, finalmente, fui para a primeira aula. Era uma sala apertada com, aproximadamente, uns 30 estudantes do ensino fundamental – não me recordo se era 7º ou 8º ano. Eles me olharam desconfiados e logo perguntaram: *cadê a professora X?* Certamente, eu estava sendo avaliada: minha roupa, minha fisionomia, minha voz, se era brava ou *boba* etc.

Reuni todo o meu autocontrole, apresentei-me e disse que substituiria a professora X até o fim do ano. Torcia para que eles não percebessem algum traço de nervosismo, aquele que embarga a voz, que nos faz tremer e gaguejar.

A melhor forma que encontrei para começar o meu primeiro dia de aula foi tentar conhecê-los e saber qual era a impressão deles sobre a matéria. Isso sempre soa muito clichê ou *coisa de professor que quer enrolar*, mas, naquele momento, eu precisava me familiarizar. *Você sabe por que estuda Geografia?* A dinâmica gerou diversos comentários e outras perguntas, expliquei algumas, tentei explicar outras e... O sinal tocou. O tempo passou rápido.

Aprendi questões significativas no meu primeiro dia de aula. Aprendi que as professoras e os professores não nascem prontos, que a experiência docente se constrói no fazer cotidiano, que o diploma não basta. Aprendi também que é preciso saber o sentido daquilo que se ensina para saber orientar os estudantes. A tarefa não é fácil, mas logo aprendi que ela se faz com uma boa dose de interação e boas perguntas.

QUANDO UM ALUNO ME CORRIGIU NA CLASSE

Publicado em 04/04/2018

Já pensou no que fazer quando um estudante te corrige em plena sala de aula? Foi o que me ocorreu, certa vez, quando eu redigia uma pergunta no quadro e escrevi um *por quê* no início da frase ao invés de um *por que*. De acordo com a gramática da Língua Portuguesa, aprendemos que o uso do acento circunflexo só se faz presente quando o *porquê* vier acompanhado de algum ponto final, de exclamação ou interrogação, por exemplo. Elaborei as questões sem me atentar para esse detalhe.

No momento em que terminava de escrever a pergunta, um aluno levantou a mão. Logo pensei que ele diria não ter compreendido a minha letra ou que me pediria para ir ao banheiro. Foi então que ele disse: *professora, você escreveu errado, esse "por que" não tem acento!* Antes que pudesse manifestar alguma reação, os colegas reagiram com comentários do tipo: *nossa, você é doido, corrigiu a professora.*

Confesso que a sensação do erro diante dos estudantes, a princípio, me deixou um pouco tensa, pois não sabia como eles interpretariam aquela situação e como aquilo poderia afetar a imagem que eu tinha perante a turma. E reconheço que, de certa forma, às vezes, nos sentimos mesmo vulneráveis diante de uma geração cujo comportamento é mais questionador e que já tem ao seu dispor uma gama considerável de informações. Apesar disso, não podemos desconsiderar que o erro faz parte do desenvolvimento humano e que é preciso lidar com ele de maneira natural, por ser inerente ao processo de ensino-aprendizagem, tanto em relação aos estudantes como em relação às professoras e aos professores.

Com isso, ao me ver diante de tal situação, simplesmente agradeci ao aluno pela colaboração. Disse que me senti satisfeita por ele estar atento e que poderia me ajudar sempre que eu errasse. Ele, por sua vez, manifestou um semblante de satisfação. Creio que ele se sentiu bem por ter me ajudado, foi humilde e educado em sua colocação.

Muitos estudantes deixam de fazer perguntas ou até mesmo de respondê-las por medo de errarem também. Precisamos ensinar às nossas alunas e aos nossos alunos que o erro faz parte da vida e, quando tentamos novamente, podemos realizar ações transformadoras em nossas vidas. Errei outras vezes em sala de aula e costumo até brincar com as alunas e os alunos: *eu fiz de propósito para saber se vocês estavam prestando atenção!* E mais: aprendi de vez que *por que* em início de frase não tem acento.

POR QUE VOCÊ ESTÁ CHORANDO?

Publicado em 18/04/2018

Ao chegar à escola, em uma manhã quase fria de segunda-feira, já me sentia cansada antes da primeira aula começar – seriam 10 naquele dia. A semana anterior havia sido muito pesada, com muitas demandas para serem resolvidas. Contas a pagar, matéria de concurso para estudar, questões familiares para resolver e, em meio a isso, roupas para lavar, e-mails para responder, compras para se fazer no mercado etc. Quando a mente anda pesada, tudo acaba por se misturar e o estresse chega. Encarar turmas lotadas nessas condições pode acabar se tornando uma tarefa mais pesada que de costume. Naquela segunda-feira, entretanto, ocorreu uma situação na escola que me fez (re)pensar a complexidade dos nossos problemas cotidianos.

Ao entrar na sala para a terceira aula, fui avisada, por uma estudante, que uma colega chorava copiosamente. Logo que a avistei, pedi para que me acompanhasse para fora da sala para que eu pudesse saber a causa do choro. Ela mal podia balbuciar o motivo de tanto que as lágrimas rolavam, e eu não estava entendendo nada. Pedi que ela tomasse uma água, respirasse e me contasse novamente o que havia acontecido. No desenrolar da história, soube que era uma questão de desentendimento entre ela e uma grande amiga da sala.

Pensei nos meus problemas e pensei no problema dela. A princípio, passou pela minha mente: *jura que você está chorando por isso?* Afinal, a vida adulta demanda de nós muito mais responsabilidades do que um pequeno desentendimento entre duas jovens. Mas, depois, refleti: ela não era adulta, era uma adolescente lidando com as questões do tempo dela e a amizade da colega importava muito. Não dava para menosprezar seu sofrimento.

Eu não poderia resolver o problema, mas poderia incentivar as duas a resolverem o mal-entendido. Foi a pequena ação que fiz: um *empurrãozinho* para que conversassem. Coisa simples para mim, mas não tanto para elas no começo. Voz trêmula, respiração ofegante, lágrimas... Comuniquei à diretora e ela me auxiliou, tendo em vista que eu ainda tinha de continuar minha aula. Creio que elas fizeram as pazes, pois retornaram bem mais calmas para a sala um tempo depois.

Voltei para casa pensando na importância que damos aos nossos problemas. Os meus não eram menores do que os dessa estudante, mas percebi que os dela também tinham relevância. Faz parte do amadurecimento de qualquer jovem lidar com essas questões cotidianas na escola e é preciso auxiliá-los, dentro das nossas possibilidades e sempre que possível, nesse processo pelo qual também já passamos. Acredito que dar atenção para essas pequenas ações contribui para formar adultas e adultos capazes de lidar melhor com as emoções.

E vou além: creio que também seria muito interessante se os estudantes pudessem compreender os problemas pelos quais as professoras e os professores passam, e serem mais empáticos e respeitosos em situações de grande estresse. Será que isso é possível?

SOBRE A IMPORTÂNCIA DOS JOGOS

Publicado em 04/05/2018

Durante minha formação na graduação em Geografia, sempre tive curiosidade de aprender formas alternativas de aprendizagem que fizessem o processo educativo ser mais interessante e, até certo ponto, mais divertido para as minhas futuras alunas e os meus futuros alunos. Tempos depois, apesar de constatar que a prática de estudar nem sempre é divertida e interessante o tempo todo (ou tanto quanto gostaríamos que fosse), percebi a grande importância da ludicidade no cotidiano escolar como um incentivo para as práticas educativas.

O *start* para isso aconteceu há alguns anos, quando ministrei aulas para turmas da Educação de Jovens e Adultos (EJA), no período noturno, em um instituto federal. Lembro-me dos semblantes cansados e desanimados dos estudantes, que estavam ali porque precisavam do comprovante do ensino médio técnico para suas carreiras profissionais. E eles não eram muitos, o que contribuía ainda mais para a sala ficar com um aspecto meio melancólico durante as noites. Nossos assuntos giravam em torno dos fenômenos socioeconômicos do século XX, nada de tão *interessante*, a princípio.

Até que, certo dia, pensei em fazer alguma brincadeira em sala para que eles pudessem participar, já que as minhas outras turmas do ensino médio regular já haviam tido essas experiências e tinham gostado muito.

Fiquei com receio da turma não interagir, pois ela era composta por adultas e adultos com idades que variavam entre 25 e 60 anos, e que já chegavam cansados de um dia cheio de trabalho. Correndo o risco de a brincadeira ser um desastre, propus um jogo de perguntas e respostas mais ou menos semelhante ao que acontecia no programa *Passa ou repassa*, que era exibido aos domingos, no canal televisivo SBT.

Esse dia marcou a minha vida como professora. Foi a primeira vez que vi as minhas alunas e os meus alunos sorrirem de verdade. O cansaço desapareceu momentaneamente e as perguntas ganharam contorno de novidade. Emocionei-me pela revelação de que, para brincar, não há idade e aprendi a importância dos jogos em nossas vidas como um ato que envolve nossos sentidos e a consciência de pertencimento a um processo educativo. Que não percamos a sensibilidade dos jogos na escola, como também da música, da dança, do teatro e de outras práticas lúdicas importantes que agregam diversos métodos e práticas educativas.

SEMANA DE PROVAS

Publicado em 30/05/2018

– Bom dia, pessoal! Hoje faremos uma revisão da matéria, porque as provas já começam na próxima semana. Anotem o calendário de provas, por favor.

– Professora, quanto eu tirei no bimestre até agora?

– Ué, mas eu já falei as notas na última aula.

– Mas eu não escutei, repete pra mim?

– Professora, que dia será a sua prova?

– Eu já passei o calendário no quadro, será na terça-feira.

– O que vai cair na prova?

– Tudo o que vimos durante o primeiro bimestre, ora! Já fizemos a revisão!

– A sua prova vai ser difícil?

– Professora, que dia é hoje?

– Está no quadro.

– É para passar a caneta na prova toda?

– Sim...

– As abertas posso deixar à lápis?

– É na prova toda!

– Amanhã vai ter prova de qual matéria?

– Concentra na sua prova agora, depois você olha qual prova será amanhã! O calendário já foi informado!

– Professora, professora! Já corrigiu a prova?

– A prova foi ontem, menino!

– Professora, quanto eu tirei na prova?

– Gente, eu ainda não corrigi as provas, tenho mais de 300 alunos e não tenho bola de cristal para saber a nota de vocês sempre que me perguntam!

– Professora, qual era a resposta daquela questão?

– Não me lembro agora. No dia em que eu entregar a prova, você verá a correção, tá bom?!

– Professora, por que você não considerou essa questão? Eu respondi igual você explicou!

– Eu não consegui entender a sua letra. Não posso te dar ponto sem entender o que você escreveu.

– Professora, eu não acredito que fiquei de recuperação, me dá um ponto?

– Não.

– Me dá um ponto agora e, no bimestre que vem, você tira um! POR FAVOR?

– Vixi, professora, ela tá chorando porque ficou de recuperação, posso dar um ponto meu pra ela ficar na média?

– Professora, eu fiquei de recuperação?

– Eu já falei as notas!

– Eu não escutei!

– Professora, por que você tá brava?

Esses diálogos são uma breve reprodução de algumas experiências que tive com minhas alunas e meus alunos do ensino fundamental no período de provas. Como é possível perceber, existe ainda uma dificuldade dos estudantes se tornarem protagonistas da sua própria rotina escolar, de se responsabilizarem por datas, tarefas e normas. Até então, essa responsabilidade tem ficado a cargo de nós, professoras e professores, que sempre temos de lembrá-los do que esquecem ou não anotam. Logo, somos interpelados a todo instante a responder perguntas repetitivas e desnecessárias, como se fôssemos *garçons do conhecimento* – antes fosse de comida! Será que isso é normal para a idade? Será que precisamos ensinar mais esses estudantes, com a ajuda dos seus familiares, a seguir um calendário e o currículo escolar? Ou precisamos rever o sistema de provas para o ensino fundamental? Dúvidas que tenho a cada final de bimestre.

EU E A BIBLIOTECA

Publicado em 27/06/2018

Penso que a biblioteca é o lugar mais bonito e calmo de uma escola. Gosto muito de entrar lá e deixar para trás, por uns instantes, toda a agitação das salas e dos corredores, com estudantes ávidos para gastar energia. Contudo, percebi que tenho aproveitado pouco a biblioteca da escola onde trabalho.

Por vezes, entro lá para exibir algum filme ou para pegar os geoatlas que costumo usar em sala. No entanto, em pouco mais de um ano trabalhando nessa escola, nunca peguei um livro sequer para ler.

Ao me dar conta disso, relembrei, com nostalgia, meus tempos de estudante do ensino fundamental e médio. Adorava frequentar a biblioteca durante os intervalos. Foi lá que aprendi a inventar as minhas próprias histórias, por meio de livros que só tinham imagens, que conheci as histórias em quadrinhos de Calvin e Haroldo, os suspenses de Agatha Christie e Sidney Sheldon, os livros de Marcos Rey e vários outros da Série Vaga-Lume, a arte de Monet e a literatura de Shakespeare. Aprendi muito de História, Geografia e de Literatura lendo clássicos, como os escritos por José de Alencar, Aluísio de Azevedo e Raquel de Queiroz, entre tantos outros. Lembro-me de ter sido impactada com o *Diário de Anne Frank* e de ter me divertido com *O grande mentecapto*.

Hoje, graduada em Geografia, mestra em Educação e professora do ensino fundamental, sinto-me longe dessa leitura gostosa e rica de sensações e aprendizados. Nos meus horários vagos, aquelas *janelas* entre uma aula e outra, costumo corrigir provas, preparar aulas e lançar notas, ou simplesmente me deixo levar pelo papo com os colegas ou pelo *smartphone*. Nesse ritmo, nunca peguei um livro na biblioteca para ler, nem na hora do recreio.

Cobro, das minhas alunas e dos meus alunos, a leitura, mas eu mesma tenho lido apenas os conteúdos relativos ao bimestre. Tenho medo de permanecer assim, presa ao livro didático e à internet, sem ter o prazer de folhear um livro interessante que escolhi a dedo na biblioteca. Vi que lá há livros interessantíssimos esperando para serem lidos. Por mais que o tempo esteja curto e que as nossas demandas estejam muito extensas, tenho, como meta, explorar mais esse espaço mágico e envolvente. Tenho certeza de que irei despertar, em mim, novamente, a menina que gostava de ler.

NÃO FIQUE PRESA OU PRESO AO LIVRO DIDÁTICO, MAS...

Publicado em 11/07/2018

Durante a minha graduação em Geografia, acreditei que metodologias alternativas na área da Educação deveriam ser priorizadas em relação ao uso contínuo do livro didático, que foram vistos, por mim, mais como *vilões* do que como auxiliadores no processo de ensino-aprendizagem. Ao me deparar com as salas de aulas de uma escola pública do ensino fundamental, entretanto, o livro didático se tornou meu principal aliado. Comecei a entender que o problema não estava totalmente no livro em si, mas nas formas como conduzimos nossas aulas.

Em minhas aulas, por exemplo, pedir para que os estudantes leiam trechos do livro em voz alta como estratégia para ensinar a matéria ou conduzir aulas sempre teóricas não funciona muito bem, pois elas sempre correm o risco de cair em um marasmo de informações sem sentido. Pedir somente atividades que o livro traz também é pouco estimulante, pois isso restringe minhas possibilidades avaliativas.

Por outro lado, o livro tem sido um guia importante. Gosto de formular atividades baseadas nele na tentativa de que os estudantes cumpram os primeiros passos para a aprendizagem. São as *atividades de fixação*, como gosto de chamá-las, cujas perguntas simples constituem uma espécie de roteiro para que os estudantes sejam estimulados a localizar as respostas no livro e cumpram, assim, a etapa inicial de pesquisa, leitura e compreensão de texto. Parece ser uma atividade banal, mas, às vezes, o básico é o que precisa ser reforçado com nossas alunas e nossos alunos. Não podemos nos esquecer que elas e eles podem não ter uma linha de raciocínio tão rápida quanto a nossa, que já estamos acostumados com o conteúdo.

Algumas atividades disponíveis no livro, por sua vez, são interessantes para consolidar o conteúdo por meio de exercícios com gráficos, mapas, figuras, textos e outros elementos interdisciplinares, que, de outro modo, seriam difíceis de apresentar no quadro ou com impressões de boa qualidade para todas e todos.

Os resultados não são completamente satisfatórios, porque existem outros fatores que interferem no processo de ensino-aprendizagem, e ainda é preciso muito mais para aguçar a curiosidade e a interação em sala. Sem o livro didático, no entanto, posso garantir que as dificuldades aumentariam consideravelmente, como aconteceu no começo do ano, quando duas turmas do ensino fundamental para as quais leciono ainda não haviam recebido os seus exemplares.

Sendo assim, hoje, compreendo a importância de um conjunto de metodologias de ensino para melhorar as nossas experiências em sala de aula, o que também inclui o livro didático. Tudo isso pode estimular a consciência das alunas e dos alunos como sujeitos ativos de seus percursos de aprendizagem. Com o auxílio das professoras e dos professores, ao resolverem problemas, pesquisarem, elaborarem e executarem projetos, apresentarem seminários, produzirem materiais artísticos, entre outras práticas, esses estudantes serão ainda mais capazes de desenvolver e aprimorar as suas habilidades individuais e coletivas.

NEM TUDO TEM A VER COM A PROFESSORA OU COM O PROFESSOR

Publicado em 05/09/2018

Desde que constatei meu desejo pela carreira docente, durante a graduação, mergulhei intensamente nos estudos referentes à didática e às metodologias de ensino, sobretudo aquelas alternativas ao ensino tradicional com as quais tanto me identificava. Cheguei a pensar que, um dia, as minhas aulas carregariam em si a renovação de uma geração transformadora quando pusesse em prática tudo o que havia aprendido. Nesse processo, contudo, desconsiderei algo importante: a realização de uma boa aula não dependia somente de mim.

Percebi esse fato tempos depois, na experiência cotidiana em sala de aula, quando encontrei minhas primeiras grandes dificuldades para colocar em prática o que havia aprendido e almejado na graduação. Deparei-me, ao longo do caminho, com alguns estudantes extremamente desinteressados, dispersos, desanimados. Por mais que tentasse estimulá-los, nada parecia funcionar, pois era visível que não viam sentido no que estavam fazendo e se, por *milagre*, faziam alguma atividade, era por mera obrigação e não por participação. O que mais eu poderia fazer?

Muitos desses estudantes podem enfrentar grandes problemas pessoais que fogem do nosso controle. Uso de drogas, experiências com violência, separação, abandono, doenças, carência. Como chegar à escola disposto a estudar nessas circunstâncias? Como produzir uma *super* aula que supere, ainda que momentaneamente, esses problemas? Não existe *receita*, mas, infelizmente, muitas vezes acabamos nos sentindo culpadas ou culpados por não desempenharmos bem o nosso trabalho e delegamos a nós um certo fracasso e a responsabilidade por situações que jamais poderíamos controlar e que impedem um processo pleno de aprendizagem.

Para dificultar o processo, as estratégias para desenvolver um trabalho diferenciado esbarram, muitas vezes, nas dificuldades de acesso a materiais escolares e na otimização do tempo disponível para contemplar tantos estudantes.

Definitivamente, nem tudo tem a ver apenas com a professora ou o professor, com uma matéria mal explicada ou com uma didática já ultrapassada.

Às vezes, o problema é bem maior do que supomos e é preciso reconhecer que jamais daremos conta de encontrar a *solução* sozinhos. Isso tem a ver com famílias, com o Estado e com a própria sociedade em que vivemos.

Venho aprendendo, nesse processo, que não devemos nos culpabilizar tanto, que a agressividade ou o desânimo de um estudante, às vezes, têm mais a ver com suas próprias frustrações do que conosco. Devemos nos preocupar em desempenhar um bom trabalho, reconhecer apenas as falhas que nos cabem e tentar melhorar sempre, dentro de nossas possibilidades, por meio do diálogo e do respeito aos estudantes. Que não desanimemos de nossa jornada e que ela não seja solitária!

QUEM TE INSPIRA?

Publicado em 17/10/2018

Ao refletir a respeito das pessoas que mais inspiraram a minha vida ao longo dos anos, constatei que muitas são professoras e professores. Quando ingressei nessa profissão, pude perceber, ainda mais de perto, o quanto somos ensinados por diversas educadoras e diversos educadores de formas que talvez elas e eles nem saibam. Ressalto aqui alguns pequenos exemplos da minha trajetória profissional que podem contribuir para refletirmos sobre o quanto somos importantes, mesmo que, diante de várias dificuldades e da desvalorização profissional, isso possa não parecer tão visível.

Lembro-me de que, ao ingressar na graduação em Geografia oferecida pela Universidade Federal de Viçosa, levou certo tempo para que eu compreendesse o quanto o universo acadêmico era distinto da lógica do ensino médio, do qual eu tinha acabado de sair. Será que só eu imaginava que cursar Geografia na universidade seria apenas aprofundar os conteúdos que já havia estudado na escola? Quando me deparei com a experiência da Extensão e da Iniciação Científica, aprendi, a duras penas, que deveria desenvolver autonomia para a pesquisa e, com ela, compreender a lógica do fazer científico e das normas da produção acadêmica. Tive a oportunidade de aprender isso ao fazer estágio no Museu de Rochas e Minerais da universidade, cuja curadora (uma professora) nos proporcionava diversas situações de estudo, escrita e trabalho em equipe. Aprendi também, com uma grande professora de Metodologia Científica e com um professor de Filosofia da Ciência, respectivamente, a construir o meu primeiro projeto de pesquisa e a raciocinar a respeito dos próprios limites do conhecimento científico.

Durante o período do estágio supervisionado, o professor que me recebeu na escola me deu dicas que foram muito significativas. Certa vez, por exemplo, ao me deixar fazer a chamada em sala e me ver chamar as alunas e os alunos pelos seus respectivos números presentes na lista, ele me falou, reflexivamente, ao final da aula, que as pessoas não eram números e que eu poderia chamá-las pelos seus próprios nomes. Depois disso, percebi que fazia chamadas como se fosse um recrutamento de pessoas sem identidade alguma. Com ele, também aprendi a me situar no tempo e no espaço escolares, e a associar melhor as aulas teóricas com as práticas.

Na graduação, lembro-me de ter aulas com um professor considerado muito rígido em sua disciplina e que ministrava aulas teóricas bastante cansativas. No entanto, na ementa de sua disciplina, ele indicou um livro que me influenciou profundamente: *Convite à Filosofia*, da Marilena Chauí. Nunca me esqueci disso, embora não gostasse de suas aulas!

O primeiro zero que tirei na universidade foi com um professor alemão de uma disciplina da Geografia, pelo fato de não ter adequado o meu trabalho às normas da ABNT. Tentei me justificar, com lágrimas nos olhos, que não sabia fazer isso, mas ele me fez entender que era preciso me adequar se não quisesse ser acusada de plágio algum dia ou ser reprovada no trabalho de conclusão de curso ou, mais à frente, em uma pós-graduação. Também por isso, hoje, trago a responsabilidade de evitar que as minhas alunas e os meus alunos do ensino fundamental reproduzam textos *recortados* da internet.

No mundo digital, pude conhecer o trabalho de muitas professoras e de muitos professores por meio de videoaulas gratuitas, que me ajudaram em estudos para concursos e no aprimoramento da minha formação. Não poderia deixar de me referir também a tantos colegas de trabalho que já me inspiraram, e que ainda me inspiram, com seus perfis únicos e cheios de experiências, e que, para mim, são fontes de grande aprendizagem.

O que desejo, com este texto, é que ele desperte em nós, professoras e professores, a confiança de que, em algum momento e lugar, teremos feito a diferença na vida de algumas de nossas alunas e de alguns de nossos alunos. Tenho certeza disso!

REFERÊNCIA

CHAUÍ, Marilena. *Convite à Filosofia*. São Paulo: Editora Ática, 2000. 567 p.

O DEBATE EM SALA DE AULA

Publicado em 31/10/2018

Na véspera da semana de provas do mês de outubro, eu já havia terminado o conteúdo do 3º bimestre e feito as devidas revisões com as alunas e os alunos, portanto, não pretendia ocupar o tempo das aulas restantes com mais repetições da matéria. Queria que elas e eles pudessem aproveitar o tempo disponível para tirar dúvidas, o que raras vezes acontece... O que fazer, então, para que minha ideia funcionasse? Foi quando pensei em um debate.

Lembrei-me de uma palestra a que assisti no *YouTube*, com o professor e idealizador do método de ensino da Escola da Ponte, José Pacheco. Ao iniciar sua fala, a primeira coisa que ele fez foi perguntar: "o que vocês desejam saber?". Segundo ele, o teor da palestra deveria acontecer mediante o interesse do público e não a partir da sua própria fala. Eu também queria ouvir os estudantes e o que tinham a dizer sobre a matéria, cujo tema versava sobre sociedade, consumo e trabalho.

Propus a simulação de um programa televisivo de debates com o tema geral trabalhado no bimestre. Eu seria a apresentadora e os convidados seriam dois estudantes sorteados, por vez, para responder e comentar perguntas feitas por mim e pela plateia composta pelo restante da turma. Foi, então, que a minha garrafinha de água virou um microfone e, antes que eu desse início à fala, um dos alunos, sentado mais ao fundo, pegou um caderno, colocou acima do ombro, como se fosse o cameraman, e outro se posicionou do meu lado dizendo ser assistente de palco. Após o sorteio das duplas, comecei: *boa tarde, pessoal! No programa de hoje, vamos falar sobre trabalho infantil. Trouxemos dois convidados especiais para discutir o tema conosco.* Voltei-me para o primeiro sorteado e acrescentei: *é muito comum ouvir que é melhor ver criança trabalhando do que roubando. O que você pode nos dizer a respeito disso?*

A postura do estudante mudou na tentativa de organizar o pensamento ao mesmo tempo em que tentava impedir certo nervosismo transparecer em sua fala, enquanto o colega aguardava a sua vez de falar. Mal acabaram de se pronunciar, alunas e alunos da *plateia* já levantavam os braços para tecer comentários. Houve quem concordasse e quem discordasse dos argumentos. Às vezes, era um pouco confuso administrar tantos estudantes querendo se manifestar!

Não é simples organizar um debate com muitos estudantes do ensino fundamental ainda iniciantes nessa prática. Aos olhos de quem estivesse passando pelo corredor, poderia parecer que a aula estava um caos, pois causou muito barulho, sobretudo no começo. Por outro lado, eles estavam realmente participando e se deixaram levar pela imaginação de um cenário de programa de TV.

O meu intento era que elas e eles chegassem à conclusão de que, embora não queiramos ver crianças roubando, também não queremos vê-las trabalhando, mas usufruindo de todos os seus direitos para garantir um futuro mais promissor. As divergências, por sua vez, mostraram que a formação de opinião, aliada aos estudos, é importante e influencia na vida em sociedade, de modo que o diálogo é a melhor ferramenta para propormos soluções. Precisamos aprender também sobre como fazer um debate. Esperar a vez de participar, falar em tom de voz acessível e respeitoso, não utilizar ofensas, solidificar o argumento com leitura e interpretação de texto, manter a calma diante de outras pessoas etc.

A prática e a consciência de um debate bem estruturado são importantes, ainda mais nos dias de hoje, em que temos nos envolvido em discussões políticas acirradas no Brasil. Ultimamente, as redes sociais têm escancarado um caos de divergências e informações distorcidas, e temos confundindo debate com discussões e ofensas. Por isso e por tudo o que já assinalei, a prática do debate é bem-vinda na escola como uma forma de trabalhar não somente o conteúdo, mas a criatividade, a oralidade e a tomada de consciência dos indivíduos como parte importante da sociedade.

O ESTUDANTE, A SALA E A JANELA

Publicado em 14/11/2018

A sala de aula é um espaço de grandes conflitos das relações de poder ali existentes entre estudantes, professoras e professores. Embora existam diferentes maneiras de organizar cada aula, predomina a dinâmica das carteiras enfileiradas, da lousa e do pincel e da professora ou do professor à frente explicando um conteúdo para uma turma com muitas alunas e muitos alunos. Talvez por isso, em determinados momentos, a janela se torne um atrativo interessante, sutil e rápido, e que reaviva a percepção para o que existe do *outro lado*.

Recordo-me de que, certa vez, ministrava aulas sobre População Economicamente Ativa com uma turma de 7º ano e um aluno interrompeu a aula para mostrar algo pela janela. Do lado de fora, vinha um barulho de maritacas. Ao apontar o dedo em direção à palmeira no pátio da escola, ele nos mostrou inúmeras maritacas nos galhos. A minha expressão foi de surpresa ao ver tantas delas juntas. Dada a minha reação, vários estudantes saíram de seus lugares e foram em direção às janelas para vê-las também. Alguns tiraram fotos e outros filmaram, sob minha supervisão. Assuntos sobre maritacas surgiram na sala, a respeito do que comem ou do barulho que fazem. Um estudante veio me falar, empolgado, que, em sua casa, também apareciam maritacas como aquelas. Depois desse momento de beleza e curiosidade, retomamos a aula.

Em outra turma, ao falar sobre o espaço físico da cidade de Mariana-MG, onde trabalho, um estudante me chamou até a sua carteira, apontou o dedo indicador pela janela e disse que morava no morro perto de uma antena localizada mais acima. Conversamos um pouco sobre as questões do relevo e sobre como isso interfere na nossa vida cotidiana. Em outro dia, ao começar uma chuva forte, muitos estudantes dessa mesma turma foram até a janela para, simplesmente, vê-la caindo, impressionados com a sua força.

Emociona-me o fato da curiosidade e da percepção do ambiente se fazerem presentes no cotidiano das minhas alunas e dos meus alunos, ainda que de maneira espontânea e sutil na sala de aula. Em momentos assim, tento evitar repreendê-los, de imediato, por se levantarem das carteiras e interromperem uma aula já iniciada. Considero, ao contrário, uma aula dentro de outra, afinal, a percepção da paisagem faz parte do ensino de Geografia.

Em alguns momentos, a janela se torna uma *válvula de escape* para alguns estudantes que não querem ou não conseguem prestar atenção na aula. Pelo semblante deles ao olharem para o horizonte, noto que seus pensamentos estão mais interessantes e livres. Em outras situações, a janela também se torna um meio para conversas paralelas com aquelas ou aqueles que passam pelos corredores com a justificativa de que saíram para beber água ou ir ao banheiro. Alguns até me gritam e dão tchau! Nessas situações, acabo chamando a atenção! Afinal, *nem tudo são flores*, uma vez que, na escola onde trabalho, as janelas também podem se tornar um meio para práticas indisciplinares, como fugas, e para jogar objetos do lado de fora.

A mediação com os estudantes no espaço escolar é constante, pois lidamos, nesse ambiente, com corpos, sensações e desejos. De todo modo, torço para que a curiosidade acompanhe as minhas alunas e os meus alunos para onde forem, pois só ela é capaz de movimentar rumo ao conhecimento. Que muitas janelas se abram para elas e eles e que o outro lado seja um mundo bom a ser conquistado.

O ESTUDANTE E O ACOLHIMENTO DOCENTE

Publicado em 04/02/2019

Minha primeira aula como professora de Geografia fora da minha cidade natal foi em Ouro Preto-MG, em 2012. Eu tinha 24 anos e ainda me lembro, com um frio na barriga, como foi sair da minha zona de conforto por ir lecionar em um lugar diferente.

Na escola, subi devagar as escadas para retardar o momento da chegada, mas já pude ouvir vozes de alunas e alunos que me esperavam na sala. Quando cheguei, todos se silenciaram num misto de curiosidade e de dúvida, dado que eu era uma professora substituta. Apresentei-me e pedi que elas e eles se apresentassem também para *quebrarmos o gelo*. Era uma turma tranquila, a princípio, de poucas falas. Em alguns momentos, pareciam concentrados, em outros, mais desanimados.

Comecei a explicação da matéria após as apresentações. Esforcei-me para ser o mais didática possível ao mencionar fatores locacionais das indústrias, mas, no meio da aula, um estudante disse, em voz baixa: *ah, eu desisto de Geografia!*

Não sei se ele disse isso porque achou o conteúdo difícil ou porque a aula estava muito ruim mesmo, mas o fato é que aquilo aumentou a minha insegurança e eu também quis desistir de estar ali, voltar para a minha casa e para a escola com estudantes que já conhecia. Tudo isso se passou pela minha mente enquanto eu fingia não ter ouvido o que ele falou.

Sair da minha zona de conforto foi doloroso, mas, com o tempo, fui criando vínculos com aqueles estudantes. Algo que me marcou muito nessa fase inicial foram os cumprimentos de vários deles quando eu chegava ou passava por eles na escola. *Bom dia, professora, tudo bem? Oi, professora! Joia?* Os acenos de mão e os sorrisos me fizeram um bem enorme e, de certa forma, me senti acolhida. O sorriso mais bonito era justamente do aluno que disse querer desistir de Geografia, não esqueço jamais. Gestos simples como esses me deram força para continuar, gestos de acolhimento.

Hoje trabalho em outra escola, em Mariana-MG, cujo ano letivo se reinicia com mentes e corações renovados para novas atividades. Apesar de ter adquirido boas experiências ao longo da minha trajetória, sinto ainda a insegurança dos recomeços, de conhecer turmas novas e de tentar imaginar como será o ano com elas. Tento, contudo, compartilhar todo o acolhimento que já recebi por onde passei, para que, mais uma vez, eu possa ser bem recebida por aquelas e aqueles com quem estarei em boa parte da minha rotina. Isso faz muito bem!

UM PINCEL, UM APAGADOR E UM TAPETE

Publicado em 18/02/2019

Nas vésperas do início das aulas na escola onde trabalho, comecei a pensar em uma dinâmica de integração com os estudantes, sobretudo para as turmas que eu ainda não conhecia. Creio que isso ajuda a *quebrar o gelo* e é o início de um vínculo que precisa ser criado para que esses estudantes possam sentir confiança em mim.

Pesquisei na internet, durante longo tempo, sobre alguma dinâmica que pudesse se encaixar bem no meu propósito e acabei encontrando uma em que precisaria usar apenas um tapete. Essa atividade, que vi em um canal do *YouTube*, consistia na professora ou no professor estender um tapete no chão e pedir para que três participantes se posicionassem sobre ele e tentassem virá-lo às avessas sem deixar que os pés saíssem para fora dos seus limites. Toda dinâmica deveria ser feita, exclusivamente, sobre o tapete, mas era permitido usar as mãos.

No tapete que levei, contudo, cabia apenas um estudante por vez. Fiquei meio apreensiva da proposta dar errado dessa forma, mas, para meu alívio, ela foi bem recebida. Esse desafio continha uma mensagem importante: para encarar os obstáculos no nosso caminho é preciso raciocínio, perseverança e auxílio das amigas e dos amigos.

Foi exatamente o que pude observar na sala no momento da dinâmica, após me apresentar e escrever *boas-vindas* na lousa. Vimos estudantes falhando e tentando novamente com a ajuda dos colegas. *Faz desse jeito! Agora vira o pé assim! Não faz assim não, senão você vai pisar fora!* Estavam curiosos, interagindo e se divertindo. Houve muitas risadas e, ao final, todos já sabiam o melhor jeito para desvirar o tapete. Fiquei feliz!

O clima ficou mais descontraído e, assim, após a dinâmica e um tempo para reflexão, me senti mais à vontade para falar sobre as regras da escola e de como as aulas de Geografia iriam funcionar. Disse, por fim, que elas e eles encontrariam muitos *tapetes para desvirar* ao longo do ano letivo e que isso exigiria raciocínio, persistência e companheirismo. Ainda é só o começo!

OS ESTUDANTES E OS CADERNOS

Publicado em 11/03/2019

Em todo começo de ano letivo, os estudantes chegam às escolas com cadernos novos para dar início às atividades escolares. Trazem cadernos de todos os tipos. Alguns parecem até diários cheios de requintes, com imagens, cores e adesivos. Quando abrem seus cadernos para as primeiras atividades, inicia-se ali uma espécie de ritual escolar importante para o processo educativo. É por isso que considero importante fazer algumas considerações a respeito do uso dos cadernos pelos estudantes.

Mal a aula começa, já ouço perguntas do tipo: *professora, quantas linhas é para soltar? É para copiar o enunciado? De caneta ou de lápis?* Perguntas normais e frequentes na maioria das turmas. Em minhas aulas, os cadernos são fundamentais para a realização das atividades propostas, porque estão presentes em praticamente todas as tarefas. Tento evitar, contudo, que os estudantes acabem os utilizando apenas como *depósitos* de informações ou que anotem em modo *copiar e colar* apenas porque é obrigatório.

Não perco de vista que os resumos e os esquemas que faço para explicar a matéria são mais úteis para mim do que para eles, pois essas anotações obedecem à minha linha de raciocínio, e não necessariamente às deles. Por isso, para que possam construir sua própria lógica, procuro estimulá-los a desenvolverem seus próprios esquemas de maneira mais autônoma, para além das anotações obrigatórias.

Em minhas aulas, também assumo que os estudantes são os administradores dos seus próprios cadernos e que devem utilizá-los de maneira mais independente. Durante uma explicação da matéria, por exemplo, eles são estimulados a fazerem anotações pontuais sobre o que julgarem relevante para relembrar a matéria ou para ajudá-los a consolidar um raciocínio. Não é necessário anotar apenas o que é reproduzido por mim no quadro.

No momento das correções das atividades propostas, isso também não é muito diferente. Sempre afirmo: *pessoal, não tem como eu corrigir caderno por caderno, logo vocês são responsáveis pelos cadernos de vocês. Então, prestem atenção nas correções que farei no quadro e corrijam as suas próprias atividades, tá bom?*

Sinto que a aula é mais participativa quando lanço a questão da responsabilidade de administrar os cadernos para os próprios estudantes. Para reforçar a utilidade dos cadernos, costumo propor atividades avaliativas de consulta, assim, quem tem o caderno mais completo pode pesquisar as próprias anotações. Os cadernos foram feitos para isso: para serem escritos, lidos e relidos. Servem para escrever, apagar e escrever novamente. É dessa maneira que os cadernos terão sido úteis aos processos de aprendizagem, e deixarão de ser acessórios a serem carregados todos os dias para a escola com o único propósito de anotar respostas de atividades do livro didático.

OS LIMITES DOS CORPOS NA ESCOLA

Publicado em 25/03/2019

Passei a refletir mais sobre como lidamos, na escola, com os corpos uns dos outros – tanto dos estudantes com as professoras e os professores, quanto dos docentes com suas alunas e seus alunos – depois de um episódio incômodo ter me acontecido em uma agência bancária da cidade onde moro.

Naquela situação, ocorreu que, ao aguardar para sacar dinheiro em um caixa eletrônico, uma funcionária solicitou, a mim e a outros clientes, que fizéssemos uma fila no local correto, demarcado no chão. Logo, nos prontificamos a ir para o espaço adequado, resguardando nosso lugar na fila, mas eis que a funcionária me pegou pelo braço na intenção de me conduzir. O modo como ela fez aquilo me provocou grande insatisfação, então me esquivei e disse, educadamente, que já sabia para onde deveria ir.

O mal-estar se deu porque senti que ela invadia o espaço do meu corpo ao tentar controlar o espaço da agência. Isso resultou em um *insight* sobre meu próprio trabalho e, então, comecei a pensar se já havia feito isso com algum estudante na escola. Embora o contexto do lugar seja diferente, a forma como lidamos com os corpos de nossas alunas e de nossos alunos também necessita ser considerada.

Ao tentar controlar o ambiente, na escola, não devemos perder de vista que o espaço do corpo do estudante é privado e, para tocá-lo, devemos ter muita prudência. Em uma sala desorganizada, por exemplo, não é adequado sair puxando os estudantes pelo braço para fazê-los se sentarem e prestarem atenção nas aulas.

Infelizmente, o contato físico na escola, muitas vezes, acontece por meio de violência, recorrentemente contra as professoras e os professores, com violações graves dos corpos e das mentes que podem até gerar consequências irreversíveis – os motivos para isso são tantos que não caberiam neste texto.

Por outro lado, também devemos prestar atenção na forma como os gestos afetivos se dão, e entender que sempre devem acontecer com respeito e delicadeza. Na minha rotina como professora, por exemplo, é muito comum, ao chegar à sala de aula, ser recebida com abraços. Gosto muito desses gestos de carinho, que o meu corpo permite receber e doar, mas tomo sempre o cuidado para estabelecer os limites adequados.

A escola é um ambiente repleto de normas a serem cumpridas. Não podemos perder de vista que o limite dos corpos é uma delas. Ao aprendermos a zelar por isso, seremos capazes de praticar constantemente o respeito ao próximo e, sobretudo, a nós mesmos.

4

UM PROFESSOR E SUA INFINITA TROCA DE SABERES

Márcio Francisco de Carvalho

Quando escolhi ser professor, também decidi ser um transformador social. Para mim, a docência passa pela ideia de acreditar na possibilidade de contribuir para uma sociedade mais justa e igualitária. É exatamente o ato de educar que abre caminhos possíveis para transformarmos o mundo. Por falar em caminho, o meu foi trilhado em meio a diversos desafios e obstáculos, mas acredito que não seria capaz de recusar essa travessia. Sou um professor que busca o despertar crítico e reflexivo na relação com minhas alunas e meus alunos. Tenho comigo o princípio da Educação Popular como orientador dos processos de ensinar e de aprender, numa infinita troca de saberes. Graduei-me em História, fiz pós-graduação em Práticas Pedagógicas e, atualmente, leciono no ensino fundamental e no ensino médio. No meu cotidiano de trabalho, busco sempre o aprendizado, tanto na sala de aula quanto fora dela. Para isso, procuro me inspirar nos trabalhos de campo e na interdisciplinaridade. Foi sobre esses e outros temas que discorri nos textos que publiquei na rede *Professores transformadores*, entre 2019 e 2020, e que relatam uma parte importante da minha prática como professor. Minha trajetória profissional é marcada por momentos de ensino e de aprendizado, por desafios e superações. Ter participado dessa rede e ser um dos autores deste livro só me faz perceber que ainda tenho muito a aprender e contribuir para o infinito movimento que é a Educação.

AS PROFESSORAS E OS PROFESSORES DEVEM SER PROVOCADORES

Publicado em 08/02/2019

Quando me perguntam como me tornei professor ou mesmo o porquê da minha escolha profissional, as pessoas não têm ideia, mas sempre me levam a fazer uma *viagem fantástica no tempo* em que me via cercado por diversas dúvidas e uma única certeza: eu queria ser professor.

Essa decisão foi um apanhado de aprendizados e vivências, porém, para mim, não foi algo que se concretizou tão cedo. Minha caminhada foi repleta de obstáculos e superações, que me fizeram acreditar ainda mais no meu sonho e no poder de transformação social a partir da Educação.

Quando me tornei professor, percebi que realmente havia dificuldades – desvalorização, estrutura inadequada, salas superlotadas, muita burocracia e muitas outras que descobri na prática cotidiana –, mas elas foram sendo superadas quando descobri que, com dedicação e criatividade, conseguiria propor soluções, ao invés de ficar somente me debruçando sobre os meus problemas.

A escolha de ser professor veio do meu desejo de tentar melhorar a realidade de muitas pessoas por meio da Educação. Dessa forma, creio que as professoras e os professores, quando são transformadores, podem utilizar a sala de aula como um local de troca de saberes.

Hoje, mais do que nunca, a prática das professoras e dos professores não deve ser somente um ofício de trazer e *passar* informações, mas de questioná-las por meio de debates e de reflexões para colaborar com a formação de cidadãs e cidadãos mais críticos. Tenho entendido, assim, que o mundo atual exige que as professoras e os professores sejam provocadores.

Ser professor é algo que faz com que me sinta vivo e atuante. Em plena era da sociedade digital, noto que a prática docente vem, a cada dia, ganhando novas conotações e novos contextos. Portanto, ser professora ou ser professor é muito mais do que ter um giz na mão em frente a uma lousa. Nós temos o papel de envolver e provocar nossos estudantes e de tentar despertar, em cada um deles, experiências que os levem a fazer suas próprias descobertas.

A IMPORTÂNCIA DO TRABALHO DE CAMPO

Publicado em 22/02/2019

Quando pensamos em um processo de construção do conhecimento em um espaço escolar, é importante lembrar que ele não precisa se limitar à sala de aula. O trabalho de campo pode ser uma proposta que rompe com o saber limitado ao ambiente escolar e que proporciona um conhecimento mais significativo para os estudantes.

Ensinar sobre o mundo exige, de todos os envolvidos com a Educação, uma postura renovada sobre a concepção de conhecimentos cotidianos. Assim, o trabalho de campo não somente complementa o que é estudado em sala de aula como oferece, aos estudantes, às professoras e aos professores, uma nova visão do meio no qual estão inseridos.

Relato uma experiência. Em uma aula, a partir de um trabalho de campo realizado com alunos do 9º ano do ensino fundamental, na divisa das cidades de Sapucaí Mirim-MG e de Monteiro Lobato-SP, mais precisamente na Serra da Mantiqueira, fomos capazes de conhecer melhor, durante nossa caminhada, diversas áreas do conhecimento. A aula teve início com uma atividade de alongamento e com uma discussão sobre a importância do cuidado com o corpo, ministrada pelo professor de Educação Física de nossa escola. Em seguida, trabalhamos alguns acontecimentos históricos ocorridos na região, como a Revolução Constitucionalista. Na trilha que fizemos, descobrimos o tipo de vegetação, de clima e de animais da região, com explicações mediadas pelos professores de Geografia e de Biologia.

No alto da Serra da Mantiqueira, para concluir a atividade, ocorreu um momento de relaxamento e de observação, em que pudemos contemplar a natureza à nossa volta. O retorno foi realizado em silêncio para que pudéssemos ouvir os sons do entorno. Nesse momento, refleti sobre como trabalhar temas ligados ao cotidiano significa criar estratégias para que os estudantes percebam a relação existente entre o que se aprende em sala de aula e seu dia a dia.

Ver a escola aberta aos relacionamentos extramuros é uma questão fundamental. É preciso se aproximar ainda mais da natureza e da sociedade ao nosso redor para podermos analisá-las, compreendê-las e sabermos nos portar nelas, sobretudo quando estamos realizando um trabalho coletivo. Nesse sentido, o trabalho de campo é importante para a formação do conhecimento, pois favorece a associação entre teoria e prática, e garante aos estudantes a oportunidade de aprenderem o que, em sala de aula, nem sempre conseguimos materializar.

A SALA DE AULA E A TROCA DE SABERES

Publicado em 15/03/2019

Em sala de aula, sempre procuro entender um pouco da realidade de cada estudante que está ali, todos os dias, à minha frente, sentado numa cadeira para me ouvir contar histórias da Idade Antiga, Média e dos tempos modernos e contemporâneos.

Em minha busca por ser um professor transformador, sinto que tenho de tentar compreender alguns dos saberes que as alunas e os alunos trazem consigo e, de uma forma dialética, tento estreitar minha relação com eles. Creio que a escola é um espaço de interação e, assim, devemos tentar propor aulas por meio de dinâmicas, atividades coletivas e individuais que proporcionem aos estudantes a possibilidade de exporem seus conhecimentos sobre uma determinada temática e construírem novos conhecimentos acrescidos por nós, professoras e professores.

Dessa forma, acredito sempre no processo da busca pela aprendizagem a partir de uma horizontalidade pautada pelo saber em construção. A sala de aula é um local de troca desses saberes e devemos procurar entender que ali não há conhecimentos superiores, mas diferentes. Seguindo essa linha de pensamento, penso que o princípio da Educação Popular deve ser um guia desse espaço e que professoras, professores e estudantes necessitam estar em constante aprimoramento, pois, uma vez que a Educação Popular é um princípio, ela não é um método padronizado.

Todos os dias, quando vou para a escola, sei que parte do meu trabalho é estimular nos estudantes um espírito de cidadania e de participação social, e promover, de forma participativa, a formação crítica deles em relação aos contextos nos quais estão inseridos.

Em minhas aulas, busco, portanto, respeitar os conhecimentos que os estudantes trazem de seus cotidianos, pois eles são sujeitos sociais e históricos, e não *tábulas rasas* nas quais será depositado *todo* o conhecimento. Creio que devemos pensar em uma Educação que seja humanizadora, na qual as professoras e os professores contribuem para o processo socioeducativo e não são detentores de todo o saber.

Como professor transformador, tenho entendido que ensinar não é transferir conhecimento, mas indicar diferentes caminhos para que os estudantes construam a sua autonomia.

UM TEMA, VÁRIAS PERSPECTIVAS

Publicado em 12/04/2019

Sou professor de Atualidades e, desde que comecei a trabalhar nessa disciplina, me deparei com o desafio de estar atento aos fatos mais relevantes do atual momento, sejam eles do Brasil ou de outros países, para refletir sobre eles de forma crítica e colaborar com a aprendizagem dos estudantes.

Assim, busco me embasar em diversas fontes sobre um mesmo tema para levar até as alunas e os alunos o máximo possível de informação e para tentar, coletivamente, transformá-la em conhecimento. Quando um assunto é polêmico e divide opiniões, por exemplo, procuro trabalhar com textos que o abordam de formas diferentes.

Para trabalhar nesta disciplina, os estudantes recebem, uma semana antes de cada aula, o tema que iremos discutir e também buscam textos e fontes para enriquecer o debate e nossas reflexões. Em outros casos, são eles que trazem propostas de temas para estudarmos e vamos montando um cronograma temático ao longo do ano.

Para exemplificar, em nossas últimas aulas, temos debatido e refletido sobre a tragédia na qual dois jovens assassinaram oito pessoas e depois se mataram em uma escola estadual de Suzano-SP. Procuramos, durante todos os debates, refletir sobre esse massacre, sobre suas motivações e, assim, muitos temas se desdobraram em outras análises, como a questão dos *games*, da redução da maioridade penal, a influência das estruturas sociais e o *bullying*.

Vivemos em uma sociedade marcada por *achismos* e pela intolerância em reconhecer outros pontos de vista e isso se reflete consequentemente na sala de aula. A pergunta recorrente em minhas aulas é: você acredita que a sociedade necessita ver um mesmo tema por vários ângulos ou é importante manter apenas um olhar sobre ele? Em nossas aulas de Atualidades, estamos buscando exatamente encontrar múltiplos pontos de vista sobre um mesmo assunto. Nossa dinâmica é conduzida de diversas formas, como quando dividimos a sala e promovemos debates.

Sempre encerramos nossas aulas com mais dúvidas do que certezas, mas também com mais conhecimento do que tínhamos anteriormente. Isso porque temos aprendido que não é obrigatório sair de cada aula com uma posição definida a respeito de um determinado tema, mas com uma visão mais fundamentada e crítica.

Quando deixamos os estudantes se apropriarem dos temas, eles buscam fontes e informações e se envolvem totalmente com seu aprendizado. Eu, como professor, me sinto realizado por ser um agente mediador do processo da formação desse conhecimento.

A SALA DE AULA COMO ESPAÇO DO DIÁLOGO INTERDISCIPLINAR

Publicado em 10/05/2019

A prática interdisciplinar em sala de aula é um assunto que vem sendo debatido, pelo menos, desde a década de 1970, no Brasil, por algumas estudiosas e alguns estudiosos. Apesar de ainda encontrar alguns desafios para se concretizar, pode-se dizer que existem diversas alternativas de ensino-aprendizagem.

A escola se tornou um espaço de conhecimentos isolados e que não interagem entre si e, na maioria das vezes, isso pode ser consequência da falta de um projeto interdisciplinar consistente. Sabemos que, para uma proposta de aula interdisciplinar, é necessário um planejamento do que será abordado e isso requer tempo, dedicação e interação de todos os profissionais envolvidos com o ambiente escolar.

Nesse sentido, em minha prática, creio que o aulão *Grandes navegações: uma abordagem interdisciplinar* foi uma das experiências que se mostrou muito atrativa, além de repleta de aprendizagens para mim, para meus colegas e os estudantes. Foi uma aula que se iniciou com uma menção à saída dos portugueses em mares antes nunca navegados, o que, aparentemente, sugeriria saberes apenas históricos, mas que abordou a utilização dos instrumentos náuticos (bússola, mapas, sextante) do campo geográfico, apresentou as doenças constantes nas embarcações, o que nos ofereceu conhecimento de Biologia, e, por fim, contou com uma ótima explicação física acerca do motivo pelo qual o barco não afunda ($d = m/v$).

Ao final dessa experiência, o que pudemos perceber, pela avaliação feita por todos os presentes (estudantes, equipe da coordenação, professoras e professores) é que saberes até então entendidos como distantes interagiram e reforçaram ainda mais o conhecimento como um todo. Além disso, de acordo com muitos relatos, os estudantes saíram da sala entusiasmados e eufóricos por assistirem a uma aula prazerosa e interativa. Mesmo assim, tenho acreditado que, para que a interdisciplinaridade possa se efetivar nas salas de aula, é preciso uma mudança que não deve partir apenas das professoras e dos professores como únicos responsáveis pelo fazer interdisciplinar. Esse trabalho deve ocorrer a partir da participação de docentes, da equipe que atua na coordenação pedagógica e também dos estudantes.

Para as professoras e os professores, isso implica o abandono de práticas pedagógicas rígidas e pautadas na figura de um docente isolado. É necessário um trabalho coletivo que permita a interação com os colegas e a ampliação do contato com outras áreas do conhecimento. Para a equipe da coordenação pedagógica, é importante o entendimento da superação das fronteiras disciplinares e o rompimento com as grades curriculares engessadas, para que os conteúdos não sejam fragmentados, mas articulados ao processo de ensino-aprendizagem. Para os estudantes, é necessária a compreensão de que o conhecimento está todo articulado para a efetivação de uma experiência na aprendizagem coletiva.

Para reforçar a ideia de mudanças nas maneiras de ensinar utilizadas nos espaços escolares, devemos pensar em novas formas de atuação dentro e fora da sala de aula. Apesar de ainda haver um longo percurso para que isso se realize concretamente, é um caminho possível e aplicável no cotidiano escolar.

O ENSINO POR MEIO DE JOGOS

Publicado em 24/05/2019

Conversando com os estudantes do ensino fundamental do colégio onde sou professor de História e Atualidades, tenho percebido que eles estão muito ligados a jogos de videogame, de *smartphones* e de tabuleiros. Foi então que comecei a pensar em algumas propostas que visassem à aprendizagem por meio dessas possibilidades para as transformar em instrumentos pedagógicos.

Muitos estudos desenvolvidos na área de Neurociências nos últimos 10 anos têm afirmado que, quando se sente alguma emoção ao executar uma ação durante um jogo, o conteúdo abordado nele é aprendido mais facilmente. Sendo assim, muitas professoras e muitos professores têm entendido que os estudantes podem ser estimulados a aprender mais sobre questões relacionadas às disciplinas escolares por meio da prática de jogos. Sou um deles.

Além de um instrumento pedagógico, vale lembrar que os jogos também podem ser considerados uma estratégia de socialização, pois estimulam as alunas e os alunos a se relacionarem entre si durante as partidas, e os incentivam a obedecer às regras e aos limites do adversário.

Foi com base nisso que desenvolvi um jogo de tabuleiro da área de Humanidades para ser utilizado nas minhas turmas de ensino fundamental. O jogo, intitulado *Mundo interativo*, é composto a partir de um mapa *mundi* (que usamos como tabuleiro), de peças, dados e cartas (correspondentes aos países) para os participantes, além de uma cartilha com regras para o mentor. O número de participantes pode variar de quatro a seis pessoas (para garantir a participação de toda turma, usamos três mapas) e também é necessário um participante que conduza a leitura das regras e estabeleça a interação entre as jogadoras e os jogadores. Esse jogo tem sido realizado em uma aula de 50 minutos.

Seu objetivo geral é realizar uma *grande viagem* por diversos territórios, para que os estudantes descubram o clima, a vegetação, os rios, a cultura, a economia e até mesmo algumas curiosidades sobre os países. Para que a jogadora ou o jogador consiga obter êxito durante o jogo, é necessário se envolver, a cada rodada, para conhecer mais sobre as características de cada país. Lembro que o tabuleiro aborda todos os países do mundo e que, no início do jogo, cada participante recebe um roteiro diferente de países que deverão ser visitados.

Tenho notado que os estudantes, ao jogarem, aprendem um conteúdo que faz sentido, que torna o aprendizado lúdico e satisfatório, e utilizam sua criatividade para resolver os problemas encontrados durante todo o jogo.

Percebo, como resultado desse jogo, uma contribuição para o desenvolvimento e para a criatividade das minhas alunas e dos meus alunos. Por sua vez, os estudantes têm relatado que o jogo aumentou a participação de todos em sala de aula e promoveu diálogos, além da descoberta de países até então desconhecidos. É uma experiência gratificante e que torna a minha rotina, como professor, ainda mais interessante.

ESCOLA, CIDADANIA E PARTICIPAÇÃO SOCIAL

Publicado em 07/06/2019

Em uma aula de Atualidades, abordamos os temas *cidadania* e *participação social* como fundamentais para a construção de uma sociedade mais justa e participativa. Essa discussão nos remeteu a uma reflexão sobre a função da escola como espaço de formação dos estudantes como cidadãos.

A Educação no processo de construção da cidadania deve levar os estudantes a refletirem sobre a sua realidade e a de seu entorno. Pensando na função social da escola, vale ressaltar a sua importância na formação de uma consciência crítica, por levar as alunas e os alunos a entenderem as diversas questões sociais presentes em seus cotidianos. A escola se apresenta, portanto, como um caminho possível em busca da cidadania à medida que é crítica e que propicia essa criticidade aos estudantes.

A partir dessas reflexões, acessamos o portal e-Cidadania, criado em 2012, pelo Senado Federal, e que tem como objetivos estimular e possibilitar maior participação das cidadãs e dos cidadãos nas atividades legislativas, orçamentárias, de fiscalização e de representação do Senado.

Nas opções de participações disponíveis, escolhemos a *ideia legislativa*, para a qual enviamos uma proposta de *investimentos em bibliotecas municipais* para avaliação e, se alcançarmos 20 mil apoios, essa ideia será encaminhada para a Comissão de Direitos Humanos e Legislação Participativa, que emitirá um parecer.

A proposta de redação foi elaborada em sala de aula, porém escolhemos a biblioteca municipal central de nossa cidade para realizar a apresentação do projeto, assim como para debater e viabilizar nossas próximas ações.

Concomitantemente à proposta de lei enviada ao portal e-Cidadania, as alunas e os alunos criaram um movimento acerca da importância da leitura e se mobilizaram para arrecadar livros e realizar doações para a biblioteca municipal. Como a atividade de lançamento da ideia legislativa foi realizada na biblioteca, os estudantes também tiveram a oportunidade de conhecer mais esse espaço e sua importância para o incentivo e a promoção da leitura.

O que eu já consegui concluir, com essa atividade, que ainda está em sua fase inicial, é que devemos entender a escola como um organismo vivo, que exerce uma função social na construção da cidadania.

A ESCOLA E O MUSEU

Publicado em 02/08/2019

Em uma aula de História da Arte, os estudantes estavam conhecendo obras clássicas do Neoclassicismo francês e despertaram seu interesse para ver algumas dessas obras de perto. Eu, que leciono a disciplina de História, e a professora de Artes pensamos em uma aula interdisciplinar e distante do tradicional espaço e da rotina escolar. Dessa forma, nos organizamos para uma visita ao Museu de Artes de São Paulo (MASP).

Toda vez que propomos uma atividade fora da sala de aula, deparamo-nos com um novo desafio que requer muito planejamento e muita dedicação. Costumo dizer que esse tipo de atividade deve ser sempre percebida como uma visita pedagógica, e não como um passeio. Isso também requer um planejamento que passa por providenciar transporte, autorização das mães e dos pais, e a solicitação de visita ao local. Depois de organizar tudo isso com muito cuidado, chegou o grande dia da visita ao MASP.

O MASP é considerado, hoje, o museu de arte mais importante do Hemisfério Sul, com cerca de 10 mil peças, que abrangem arte africana, das Américas, arte asiática, brasileira e europeia, desde a Antiguidade até o século XXI, e que inclui pinturas, esculturas, desenhos, fotografias e roupas, entre outros. O acervo conta com obras de Anita Malfatti, Di Cavalcanti, Candido Portinari, Victor Meirelles, além de Rafael, Ingres, Van Gogh, Cézanne, Renoir, Monet e Picasso, entre outros.

Além da exposição permanente de obras, o museu conta com exposições temporárias e, em nossa visita, tivemos o privilégio de conhecer duas delas. Uma é a do Comodato MASP Landmann, que chegou ao museu em 2016, onde permanecerá por 10 anos. São 906 peças, que incluem têxteis, objeto dessa mostra, além de cerâmicas e metais.

Para *fechar com chave de ouro* essa visita, tivemos a oportunidade de conhecer a exposição Tarsila Popular, com algumas obras de Tarsila do Amaral, uma das maiores artistas brasileiras do século XX e figura central do Modernismo. Os estudantes ficaram admirados com a relevância de sua atuação em vários campos do conhecimento, como Artes, História e Literatura.

Minhas alunas e meus alunos ficaram entusiasmados ao ver algumas obras que antes só haviam visto em livros didáticos. Contaram-me que consideraram a visita como algo além do que a sala de aula permite ver. Vale lembrar que, antes da ida ao museu, todas e todos tiveram a oportunidade de realizar diversas atividades relacionadas à História e às Artes, como a análise histórica e artística de imagens contidas nos livros didáticos, o que facilitou o entendimento sobre o que estava exposto no museu.

Fiquei extremamente feliz com a realização do projeto, por ver que conseguimos levar os estudantes a conhecerem algo diferente. Eu, professor, também vivi diversos momentos de aprendizagem ao observar o local, o entorno do museu e toda sua dinâmica. Acredito que a ousadia da profissão docente é justamente essa: ensinar, mas também estar em constante aprendizado.

A CONTRIBUIÇÃO DA MÚSICA PARA O ENSINO

Publicado em 16/08/2019

Adoro música e, para mim, ela é até mesmo uma companhia e – por que não dizer? – uma aliada nos momentos de inspiração do meu cotidiano. Quem nunca ouviu uma música que parecia descrever sua trajetória de vida? Foi pensando na importância da música para nosso dia a dia que fiz diversos estudos para entender como ela poderia contribuir para as relações de ensino-aprendizagem na escola.

Em uma aula de Atualidades, disciplina que leciono, pedi para que os estudantes escolhessem uma música que estivessem ouvindo nos últimos dias e que sistematizassem, em uma página, sua letra. O pedido despertou a curiosidade da turma que, ao mesmo tempo, queria saber para que iriam escrever essas letras, mas também queria conhecer o que os colegas estavam escrevendo. Essa curiosidade também era a minha, pois eu não sabia quais eram seus estilos musicais favoritos e meu objetivo, naquele momento, era organizar essas escolhas e desenvolver a ideia da contribuição musical para o aprendizado.

Os estudantes foram, então, relatando as músicas enquanto eu anotava tudo para ter o primeiro material da aula em mãos. Para meu espanto e até mesmo deles, algumas músicas relatadas eram desconhecidas até dos colegas mais próximos, que não sabiam o que o outro estava ouvindo. Para mim, foi um sinal de como convivemos com as pessoas e muitas vezes não as conhecemos bem.

Logo após a rodada de apresentação, fiz um apanhado de como, em uma sala que possui tantas afinidades, as músicas eram tão diversas e de como essa diversidade podia refletir a sociedade em que vivemos. Também realizei uma breve explicação sobre os processos de ensino-aprendizagem por meio da música. Primeiramente, relatei como ouvir música é importante para o aprendizado e, em seguida, falei sobre como as letras de músicas podem contribuir para estudos das disciplinas escolares.

Concluímos essa primeira parte da aula com um *dever de casa*: os estudantes ficaram responsáveis por ampliar, para um cartaz personalizado com desenhos, a letra de sua música escolhida. Também pedi um estudo de como ouvir música é fundamental para o aprendizado.

Na semana seguinte, saímos pela escola e fizemos um corredor de cartazes com as letras das músicas para exposição. Nele, inseri alguns relatos de estudiosas e estudiosos da importância musical para o ensino. Ao retornarmos para a sala, demos sequência à aula e fiz um pedido para que cada estudante, ao ler a letra da música escolhida, tentasse enxergar um conteúdo de alguma disciplina que poderia ser observado na letra musical de sua preferência. Para fecharmos essa segunda aula, eles anotaram nos seus cadernos como as disciplinas curriculares podem *aparecer* nas letras de algumas músicas. Por fim, combinamos de elaborar, mais à frente, um corredor de músicas com diálogos interdisciplinares.

A satisfação e a interação dos estudantes foram tão ricas que, dias depois, eles me procuraram e sugeriram que a escola criasse um espaço para discussões teóricas sobre música. Também falaram sobre a possibilidade de a instituição oferecer aulas práticas e incentivar a formação de bandas musicais – sugeriram até que essas bandas tocassem nos intervalos, depois que os ensaios começassem. Dessa forma, mais um projeto nasceu.

Eu, como professor, posso dizer que um ambiente escolar transformador só é possível com a completa inserção, de forma prazerosa e compreensível, dos estudantes. Sinto que, apesar de inúmeras dificuldades, tento trilhar uma Educação que faça sentido para mim, para minhas alunas e meus alunos.

EDUCAÇÃO POPULAR

Publicado em 13/09/2019

Quando ouvi, pela primeira vez, sobre Educação Popular, já estava estudando Licenciatura em História na Universidade Federal de Viçosa e, ao participar de uma oficina denominada "O que é Educação Popular?", enxerguei o que penso e faço no campo educacional. Sim, sou um educador popular. Em meu campo de atuação, a sala de aula, e mesmo em espaços como oficinas e nos trabalhos de campo, estou imbuído do princípio da Educação Popular.

Ela tem como base estimular um espírito de cidadania e participação social, ao promover, de forma dialógica e participativa, a formação crítica dos estudantes em relação ao mundo em que vivem, e ao respeitar o conhecimento que eles trazem de seus cotidianos para o âmbito escolar. É uma Educação humanizadora, em que as professoras e os professores colaboram para o processo educacional, mas reconhecem que não são detentores de todo o saber.

Para Paulo Freire (1987), quanto mais os estudantes se percebem como seres do mundo e com o mundo, mais se sentirão desafiados e se verão motivados a responder ao desafio. Desafiados, compreendem o desafio na própria ação de captá-lo. Dessa forma, possibilitar que as alunas e os alunos reflitam sobre seus processos de aprendizagem é essencial na perspectiva de uma Educação mais inserida na realidade em que vivem.

As professoras e os professores devem ensinar e não *transferir* conhecimento ao indicarem diferentes caminhos para que os estudantes construam sua autonomia. Todas e todos têm de estar em constante aprimoramento, pois a Educação Popular não é um método padronizado, mas um processo construído internamente nas comunidades, nos grupos e nas organizações populares. Ela busca formas de consolidação, ampliação e propagação dos direitos na luta por uma sociedade mais justa e igualitária.

Eu, como professor transformador e educador popular nato, tento, em todas as minhas aulas, trazer os cotidianos dos estudantes para a sala de aula e experimento a sensação de explorar seus exemplos e suas vivências para ampliar e guiar o debate a respeito dos assuntos que estudamos.

REFERÊNCIA

FREIRE, Paulo. *Pedagogia do oprimido*. 13. ed. Rio de Janeiro: Paz e Terra, 1987. 40 p.

ALÉM DOS MUROS DA ESCOLA

Publicado em 06/12/2019

Tive a oportunidade de passar quatro dias em um acampamento de férias/formatura com minhas alunas e meus alunos do 9º ano dos quais, além de professor, sou padrinho. A experiência de conviver com os estudantes fora da sala de aula foi enriquecedora e me proporcionou um outro olhar sobre eles.

Durante o acampamento, tivemos a oportunidade de visitar um museu sobre a Revolução Constitucionalista de 1932 e apreciamos diversos artefatos utilizados nesse episódio, que envolveu os estados de São Paulo e Minas Gerais. Os estudantes tiveram a oportunidade de tocar em objetos cujas histórias eu havia contado em sala de aula. Também puderam ver cartazes originais das chamadas para a revolução que ilustravam nossos livros didáticos.

Além disso, percorremos uma enorme trilha e conhecemos melhor a Serra da Mantiqueira e parte da Mata Atlântica, nas divisas entre Minas Gerais e São Paulo. Também vimos algumas trincheiras usadas na Revolução de 1932.

Durante o acampamento, dividi o mesmo quarto com alguns estudantes e, desde o despertar até a hora de dormir, convivi um pouco com cada um deles. Mesmo que eu já conheça alguns desses estudantes há anos, passar esses quatro dias com eles me fez perceber características deles que ainda não havia notado.

Passamos esses dias fazendo diversas atividades e aproveitamos os tempos livres sentados no topo da serra, onde se encontrava nosso chalé, apreciamos a natureza e o pôr do sol. Nesses momentos, consegui conversar com os estudantes e conhecer alguns de seus sonhos e hábitos cotidianos. Percebi que ali estavam, de verdade, pessoas que, em sala de aula, eu não conseguia ver direito: são vidas que nem sempre se expressam exatamente como são dentro do ambiente escolar.

O espírito solidário e participativo que conheci desses jovens, ao longo desses dias de acampamento, me fez crer ainda mais que, se a escola pretende continuar com essa forma engessada e pragmática de ensino, certamente, estará fadada ao fracasso. A professora ou o professor que se pretende transformador, ao reconhecer essa urgência de mudança, deverá reconhecer, nos estudantes, suas outras características, afinal, o conhecimento conteudista é importante, porém não é único. O ensinar e o aprender devem alcançar dimensões até então impossíveis aos olhos tradicionais do meio educacional.

Acredito em uma forma de ensinar em contato mais próximo com os estudantes e esse acampamento me propiciou essa oportunidade. O ensino, quando tem um complemento prático, se torna, a meu ver, mais prazeroso e interessante para todos: estudantes, professoras e professores.

O FANTÁSTICO MUNDO DAS CRIANÇAS

Publicado em 07/02/2020

Deixei de exercer a função de coordenador pedagógico há algum tempo e, de lá pra cá, estive integralmente dedicado à sala de aula e ao ensino de História e de Sociologia. No entanto, os anos na coordenação me fizeram enxergar diversas possibilidades dentro do campo educacional. Escrever meus relatos me oferece a oportunidade de registrar o que tenho feito, mas também de relembrar algumas ações que realizei enquanto estive orientando a equipe de professoras e professores, bem como meu contato com os estudantes e seus familiares.

Para este texto, escolhi escrever sobre algo que sempre me chamava a atenção, antes mesmo de realizar o curso de Pedagogia e de atuar como coordenador pedagógico: as formas de avaliar as crianças, principalmente na educação infantil e no ensino fundamental I – modalidades que eu desconhecia, pois sou professor do ensino fundamental II e do ensino médio.

A classificação com notas e números, por muito tempo, valeu como forma de incentivo. Apesar disso, com todas as novas tendências de ensino-aprendizagem, sempre me questionei se tais ferramentas (provas, testes, questionários escritos) realmente faziam e ainda fazem sentido no universo filosófico do aprendizado de nossas crianças. Não seria uma negação de todas as transformações educacionais mantermos métodos avaliativos tão ultrapassados e desconectados do tempo em que vivemos?

Nesse sentido, um grande educador que me inspirou, e ainda inspira, em toda a minha passagem pela coordenação foi Rubem Alves. Li, incansáveis vezes, o livro *A alegria de ensinar* (1994). Uma citação que não esqueço é a seguinte: "os técnicos em Educação desenvolveram métodos de avaliar a aprendizagem e, a partir dos seus resultados, classificam os alunos. Mas ninguém jamais pensou em avaliar a alegria dos estudantes – mesmo porque não há métodos objetivos para tal. Porque a alegria é uma condição interior, uma experiência de riqueza e de liberdade de pensamentos e sentimentos" (ALVES, 1994, p. 14).

Enquanto estive atuando na coordenação, experimentei diversas formas de avaliação e busquei orientar a equipe de professoras e professores a não utilizar métodos avaliativos de comparação e competição. Uma opção que implantamos foi a avaliação cotidiana individual, pois, naquela escola, tínhamos salas com poucos estudantes, o que facilitava esse processo.

Reconheço que não atingimos uma forma ideal de avaliação e que não conseguimos soluções extraordinárias, mas posso afirmar que, nesse tempo, chegamos a resultados gratificantes para nós, professoras e professores, e principalmente para os estudantes. Posso assegurar que avaliamos a alegria do conhecer, do experimentar, do criar, do descobrir, enfim, do aventurar-se pelo mundo fantástico que as crianças entendem tão bem.

REFERÊNCIA

ALVES, Rubem. *A alegria de ensinar*. 3. ed. São Paulo: ARS Poética, 1994. 82 p.

UM OBJETO, UMA AULA

Publicado em 06/03/2020

Participei, no início de 2020, de um curso pedagógico sobre criatividade. Nele, o palestrante propôs que elaborássemos uma aula a partir de um objeto material. Depois de pensar em alguns, escolhi uma panela e, ali mesmo, esbocei um plano de aula que, semanas depois, aplicaria em uma aula que relatarei neste texto.

Iniciei minha aula de Sociologia acerca do tema *fome*, levando para a sala de aula uma panela que coloquei sobre a mesa e, então, deixei os estudantes curiosos com aquele objeto por alguns minutos. Depois de alguns olhares de dúvidas e curiosidades e de um certo burburinho, um aluno me perguntou o porquê daquele objeto estar ali. Esse foi o *gancho* para começarmos a aula.

Perguntei o que era aquele objeto e, quase que ao mesmo tempo, todos responderam que era uma panela. O que eles não esperavam era que, em seguida, eu perguntaria como é a produção de uma panela. Alguns estudantes, de forma tímida, se arriscaram a dizer algo como: *depende de qual panela*. Naquele momento, organizei a sala em grupos de pesquisa em seus *smartphones* para que pudéssemos aprofundar ainda mais a discussão em torno daquela panela.

Nossas perguntas foram as seguintes: panelas são produzidas com quais tipos de material? Quais as suas finalidades? Como é o processo de produção de uma panela? Quais diálogos interdisciplinares conseguiríamos realizar a partir de uma panela?

O primeiro grupo contou que existem panelas de alumínio, aço inox, cobre, ferro, vidro, barro, cerâmica, titânio e teflon. E, para cada uma das produções, há uma função diferente para determinados alimentos. Um exemplo citado foi a panela de teflon, que, além de antiaderente, necessita de menor quantidade de óleo no preparo de alimentos. Nos relataram também que o teflon é o material que reveste a panela e que impede que o alumínio ou o ferro sejam transferidos para o alimento.

O segundo grupo nos trouxe como é a produção das panelas. Eles perceberam que cada panela é feita de acordo com sua finalidade. Um exemplo dado foi o das panelas de barro, que começam com uma bola de barro que é modelada e, depois, colocada para secar ao ar livre. Em seguida, a peça é alisada e lixada para retirar a areia mais grossa. Para ter uma panela finalizada, é preciso queimá-la logo que ela sair do forno.

Ao analisarem uma panela, o terceiro grupo apresentou diversas formas de enxergar as disciplinas curriculares. Citaram, por exemplo, a Matemática, com as circunferências e as profundidades das panelas, assim como noções de Química e de Física, ao analisarem que as panelas de cobre têm uma condutividade térmica muito alta.

Após nosso estudo e debate acerca da panela que levei para a sala de aula, propus uma reflexão final: se as panelas servem para preparar alimentos, será que todas as pessoas têm acesso a eles? Em alguns locais do Brasil e do mundo existem panelas vazias? Como é o Brasil em relação ao quadro da fome? E a fome no mundo? A partir dessas interrogações, apresentei dados e estatísticas acerca da fome e sugeri pesquisas para serem realizadas em casa, como complemento a essa discussão.

Nos encaminhamos para o final da aula e minha sensação foi de conseguir um debate tão necessário e importante para os estudantes, de forma criativa, participativa e investigadora. Observei também que as alunas e os alunos continuaram a discussão nos corredores mesmo após o término da aula. Foi assim que uma panela abriu horizontes e tornou nossa aula prazerosa e dinâmica.

A INTERDISCIPLINARIDADE EM TEMPOS DIGITAIS

Publicado em 29/05/2020

Desde que a pandemia de COVID-19 começou, as aulas de várias escolas mudaram do modo presencial para o remoto. Isso significa que passaram a ser ministradas virtualmente e que requerem um novo olhar para a didática e a metodologia de ensino. Creio que, após essas mudanças, a Educação escolar não voltará a ser como era.

Uma metodologia que sempre pensei ser capaz de atender efetivamente a formação do conhecimento é a que se constitui a partir da interdisciplinaridade. Acredito na importância do diálogo interdisciplinar na tentativa de aproximar e de estabelecer ligações entre os conhecimentos, para visar a garantir a construção de um saber globalizante.

No entanto, para que tal prática aconteça, são necessários o fortalecimento e o engajamento das professoras e dos professores para contribuir para o rompimento da lógica dos saberes limitados por disciplinas. Para isso, é necessário, como propõe Ivani Fazenda, referência mundial sobre o tema, *uma postura interdisciplinar*, ou seja, uma atitude de busca, de inclusão, de acordo e de sintonia diante do conhecimento em que todos ganham: os estudantes, porque aprendem a trabalhar em grupo e se habituam a essa experiência de aprendizagem grupal; e as professoras e os professores, porque se veem compelidos a melhorar a interação com os colegas e a ampliar os conhecimentos de outras áreas.

Em meu cotidiano como professor, as grandes dificuldades encontradas para a realização de aulas interdisciplinares eram os encontros com os colegas para fazermos os planejamentos e os horários disponíveis de aula. Agora que estamos com aulas virtuais, a interdisciplinaridade se tornou mais acessível. Sendo assim, propus uma aula interdisciplinar, no ensino fundamental, para conseguir observar se essa prática era mesmo possível em nosso contexto atual e se ela seria bem recebida pelos estudantes.

Com a professora de Português, criamos uma aula para as turmas do 8º ano. Na parte de História, abordei a Revolução Francesa e o Império Napoleônico, e enfoquei as transformações ideológicas e históricas causadas pelo Iluminismo e a ascensão do Terceiro Estado ao poder. A professora de Português tratou dos textos reivindicativos e normativos e da participação ativa na sociedade por meio dos documentos escritos pelo Terceiro Estado e dos conceitos de participação ativa da sociedade, tendo em vista que ela não tinha participação política, apesar de ser maioria.

Na hora da aula, eu e a professora de Português entramos juntos na videochamada, o que, de certo modo, gerou curiosidade e interesse por parte dos estudantes. Como já havíamos trabalhado nossos conteúdos de forma separada anteriormente, isso talvez tenha facilitado o entendimento, e a proposta de unificá-los e apresentá-los em diálogo foi bem compreendida pela turma.

Ao término da aula, os estudantes relataram que a experiência da articulação dos conteúdos foi interessante e gerou ainda mais vontade de conhecer os assuntos. Eu, como professor transformador e entusiasta da interdisciplinaridade, fiquei extremamente feliz e realizado com essa aula. Confesso que aprendi muito com minha colega e com o conteúdo que ela leciona. Percebo que o momento em que vivemos é delicado e, para professoras e professores, tem sido bem desafiadora essa nova realidade, porém a aula que realizamos juntos me fez relembrar que escolhi ser professor por acreditar na transformação que podemos trazer para a sociedade por meio da troca de saberes, quando ensinamos aprendendo e aprendemos ensinando.

REFERÊNCIA

FAZENDA, Ivani Catarina Arantes. *Interdisciplinaridade*: história, teoria e pesquisa. 11. ed. Campinas: Papirus, 2003. 143 p.

O ENSINO DO FUTURO NO PRESENTE

Publicado em 12/06/2020

Atualmente, com a pandemia de COVID-19, muitas mudanças aconteceram no cotidiano da Educação escolar. No meu contexto, além do distanciamento social, as aulas passaram do modo presencial para o remoto no colégio particular onde trabalho. Inicialmente, meus colegas e eu passamos por uma formação que contemplou diversas experiências em plataformas digitais. Em seguida, a sala da minha casa ganhou um quadro ao fundo e uma câmera, que tenho usado para ministrar aulas em diversas salas virtuais.

Utilizo a plataforma Google Meet, que acesso várias vezes no decorrer dos dias, para as aulas e as reuniões pedagógicas. Por ser uma novidade para mim, minhas primeiras semanas de ensino remoto emergencial foram de muita ansiedade e insegurança. Não sentir o *calor* de uma sala de aula presencial e a impossibilidade de ver a reação dos estudantes quanto ao conteúdo me deixavam com uma impressão de que nossas aulas não estavam fluindo e que a adesão deles não era satisfatória.

Foi somente com o passar do tempo que comecei a sentir mais segurança quanto ao que estava fazendo e passei a vivenciar algumas experiências que marcaram positivamente meu novo cotidiano de ensino. Uma muito particular foi passar meu aniversário ministrando aulas remotas: em cada sala em que entrava, as turmas cantavam *parabéns* e, mesmo à distância, isso me alegrou bastante. Em relação aos conteúdos, uma diferença me chamou a atenção: antes da pandemia, a escola determinava que as alunas e os alunos não podiam utilizar seus *smartphones* em sala de aula, pois havia a ideia de que isso os distrairia, mas, agora, usar o *smartphone* durante as aulas é o que mais tenho pedido.

Minhas aulas de História costumam despertar curiosidades nos estudantes, que perguntam coisas como a idade que a rainha da Inglaterra tinha quando assumiu o poder no século XVI, ou mesmo como determinado personagem histórico passou seus últimos dias de vida. Muitas dessas perguntas não constam nos nossos materiais didáticos e nas aulas presenciais frequentemente acabávamos deixando as dúvidas passarem. Agora, com a tecnologia à disposição, as alunas e os alunos buscam informações e relatam seus achados para o restante da turma. Noto que isso complementa ainda mais as nossas aulas e penso em manter o uso dos *smartphones* para pesquisas em minhas futuras aulas presenciais.

A sala de aula presencial é minha saudade diária. Não vejo a hora de tudo isso passar, de poder ir para a escola e de reencontrar os estudantes e as dinâmicas que somente o ensino presencial nos oferece. Apesar disso, tenho entendido que a tecnologia e todos os seus instrumentos têm se tornado uma realidade cada vez mais presente e que essas novas formas de ensinar e de aprender podem ser aliadas de nossa construção de conhecimento.

5

DA LEVE BRISA DOCENTE AOS HORIZONTES DE UMA PRÁTICA PEDAGÓGICA

Maria Alzira Leite

Ser professora ou estar no cenário educacional nem sempre fez parte dos meus projetos. Os meus planos contemplavam uma carreira administrativa. Isso se fez tão presente durante a minha juventude que atuei durante 10 anos como secretária executiva. Inclusive, a escolha pela formação em Letras se justificou, na época, como uma necessidade do aprimoramento de uma escrita mais normativa. Durante o curso de Letras, a docência começou a aflorar. Percebo que ela veio devagar, como o sopro de uma brisa. O meu olhar atento de estagiária acompanhava as fragilidades no ensino, a perspicácia de uma instituição educacional e de professoras e professores que tentavam fazer a diferença com o mínimo que possuíam: giz e quadro. Esses docentes ultrapassavam as barreiras e investiam em um saber-fazer de escuta e de acolhimento. Diante desse contexto, percebi que eu também poderia fazer parte desse coletivo e resolvi estar na sala de aula, na escola. A partir dessa escolha, a minha formação se voltou para as dificuldades de aprendizagem das alunas, dos alunos e, também, para a formação docente. Nessa linha, busquei a especialização em Psicopedagogia, o mestrado e o doutorado. Os meus estudos e as minhas interações como professora, na educação básica e no ensino superior, em diferentes lugares do Brasil, possibilitaram-me ver a aluna, o aluno, as próprias professoras e os próprios professores com mais sensibilidade e afetividade. Talvez por isso os meus textos tenham privilegiado discussões em torno das relações mais dialógicas, atreladas ao ouvir, ao escutar, ao trabalhar de forma colaborativa. Com uma construção permanente como profissional, nas linhas e entrelinhas dos meus textos, há uma professora que acredita que a Educação ressignifica as pessoas e suas vidas. A partir de uma *práxis* pedagógica de transformação da realidade, penso que podemos trabalhar em prol de ações que privilegiem o desenvolvimento de consciências e discursos que valorizem o diálogo, a criticidade e a inclusão. É nesse âmbito em que me encontro: de trocas, resistência e esperança!

ACREDITAR PARA TRANSFORMAR

Publicado em 02/02/2018

Hummm! Já sinto o cheiro de sala de aula no ar! Os últimos dias de janeiro nos convidam a pensar na escola, nos nossos estudantes, nas nossas ações como professoras e professores. É incrível como o contexto educacional compõe o nosso dia a dia e nos instiga a refletir sobre cenas que cerceiam a nossa prática!

Na semana passada, por exemplo, precisei ir à biblioteca da instituição na qual trabalho para entregar um livro. E, ao parar na entrada de uma das salas, lembrei-me da minha rotina escolar, durante a noite. Então, senti falta dos burburinhos nos corredores, do cumprimento alegre daqueles que chegam atrasados e dizem: *e aí, profe?*, e, ainda, da manifestação carinhosa de alguns estudantes, quando afirmam: *profe, a senhora está bem cansada hoje*. Por isso, acredito que as alunas e os alunos fazem parte da nossa construção docente, encantando-nos! São elas e eles que caminham ao nosso lado, que nos impulsionam a acreditar para transformar! Nesse sentido, é importante nos prepararmos, agora, não só para um novo ano letivo que se inicia, mas também para receber o outro.

Bom, é fácil dizer que é importante se preparar, porém, na realidade, como isso funciona? Não há uma receita. Existem orientações, experiências e vivências que, a cada ano, podem nos auxiliar a (re)pensar a prática que envolve o saber e o fazer. E, seguindo uma dinâmica baseada na empatia, procuro recomeçar pautando-me no acolhimento. Escolhi, então, receber o outro de braços abertos, ouvir e acreditar que podemos fazer a diferença!

Assim, penso que a nossa postura como professoras transformadoras e professores transformadores já se inicia no primeiro dia de aula, quando os estudantes começam a se apresentar e a falar um pouco da sua história. Primeiramente, falam seus nomes, sobre sua formação, o que gostam ou não de fazer, de ler, contam o que esperam da disciplina e as expectativas naquela instituição educacional. Nesse momento, tão corriqueiro e, ao mesmo tempo, tão mágico, temos a oportunidade de exercitar o nosso olhar e o nosso ouvir. É nesse instante de interlocução que podemos fazer com que o outro se reconheça, isto é, que ele perceba a importância da sua história, para aquelas pessoas, naquele lugar. Aqui, se inicia uma relação de mais confiança entre estudante e docente. Diante disso, deixo os meus anseios para os nossos próximos encontros: que possamos verbalizar mais as nossas histórias, as nossas vivências, e, com elas, (re)aprender.

E AGORA? O ESTUDANTE SABE MAIS DO QUE VOCÊ!

Publicado em 23/02/2018

No dia a dia, geralmente, compartilhamos, com colegas da profissão, amigas, amigos e familiares, as nossas experiências negativas em sala de aula, que envolvem lidar com os estudantes, com o aprendizado e com o fracasso. Na realidade, estamos à procura de vivências que possam nos orientar numa dada situação.

Tenho notado, há um bom tempo, que os nossos discursos negativos se sobressaem. Falamos recorrentemente das dificuldades de aprendizagem, dos *maus* estudantes, das notas baixas e reiteramos, às vezes, que muitos estudantes não sabem nada! Nas últimas semanas, comecei a refletir: será que estamos numa situação confortável diante do outro, *o que não sabe*? Será que a minha imagem de possível conhecedora vai se legitimando na medida em que comando a situação em sala de aula?

Mas por que comecei a pensar sobre isso?

Ao longo da minha trajetória como professora, deparei-me com muitos estudantes bons em termos de maturidade para um determinado nível escolar, de criticidade e de fundamentação. Faço referência, aqui, àqueles que se destacam nas avaliações formativas e somativas. Esse público é rotulado como *gênio, nerd, CDF*. Frequentemente, usam óculos, andam com livros e estão sozinhos.

No semestre anterior, um estudante da pós-graduação me chamou a atenção pelo seu conhecimento em torno da disciplina. Não me refiro a um saber pautado somente no conteúdo, mas naquele que também cerceia a prática e as resoluções de problemas. Convivendo com ele e conhecendo um pouco da sua história, perguntei-me: que aluno eu tenho? Um aluno que domina outros idiomas, aprende sozinho, que teve a sua formação em escola pública e que se destaca perante os demais! Quando vou para a sala de aula expor o conteúdo, ele está muito além de mim! Para completar a situação, fui designada para ser sua orientadora. E para ser franca, no início, senti vontade de fugir.

Mas não me esquivei. Procurei alternativas para uma interlocução baseada na troca de conhecimentos, ao estimular o estudante a compartilhar o seu saber, por meio de trabalhos em grupo, apresentações de trabalhos, minicursos e publicações.

Na última semana, andando pelos corredores da instituição na qual trabalho, vi esse estudante ministrando uma oficina com muitas alunas e muitos alunos participando daquele momento. Aquela cena veio corroborar os meus anseios: independentemente da habilidade, eu acredito no estudante! Acredito na Educação! Só podemos fazer diferença, oferecer a oportunidade para o outro. Não importa se a representação é positiva ou negativa. Podemos sempre aprender no percurso do caminhar!

O QUE É UMA AULA?

Publicado em 22/03/2018

O mês de março é um período de muito trabalho nas universidades, de modo geral. Nessa ocasião, nós, professoras e professores, procuramos agendar as defesas, finalizar as leituras das dissertações e teses, orientar os estudantes para um momento, que, talvez, seja o de maior importância na sua vida acadêmica: a conclusão do seu estudo.

Seguindo esse movimento de pesquisa, num ritmo constante, as aulas na graduação e na pós-graduação também precisam ser dinamizadas e concluídas. É nesse ponto que convido a todas e todos para refletirem sobre o conceito de aula.

O que é uma aula? Não gostaria, aqui, de lançar uma definição determinada, cristalizada na nossa formação acadêmica. Pretendo investir na coprodução de um significado que faça sentido, considerando o nosso cenário educacional. Nesse viés, com o intuito de continuar a primeira indagação, pergunto: como abordar certos conceitos? Como aliar as concepções teóricas ao nosso agir? Quem é o nosso estudante? Como lidar com as nossas fragilidades e, também, com as dos outros? As respostas aqui, quem sabe, podem nos auxiliar na elaboração de um projeto e no cumprimento das ações.

Trabalho, então, com a ideia das possibilidades, pois sabemos que, em poucos minutos, o nosso planejamento pode ruir, diante, por exemplo, dos eventos dentro da aula.

Na última semana, vivenciei um *desmoronamento*. Cheguei em sala, com a minha programação, acompanhada de uma estagiária. Cabe destacar que os estudantes que participam da disciplina são alunas e alunos que trabalham o dia inteiro, compartilham cadeiras com períodos heterogêneos e vivem o início de uma realidade docente desfavorável, com o desprestígio da nossa profissão. Mesmo assim, elas e eles resistem! Alguns não sabem se querem experienciar a docência, mas estão ali: no tropeçar dos erros, tentam acertar. Às vezes, têm sucesso; outras vezes, não. Nas tentativas, eu, como professora, e eles, como estudantes, procuramos caminhar, tendo em vista os nossos objetivos.

Na última segunda-feira, o meu planejamento girava em torno de tópicos relativos à leitura e à produção textual. Iniciei de maneira expositiva, dialogando com pequenos vídeos para debates e atividades, ou seja, tudo parecia *certo*. Em um dado momento, abri espaço para a socialização de um trabalho. Essa tarefa já tinha sido combinada na semana anterior. O grupo responsável pela atividade discorria sobre os gêneros textuais/discursivos. Apresentaram conceitos e exemplos. No final dessa atividade, um dos integrantes do grupo exibiu, no *slide*, um *meme* com a imagem de um homem acima do peso, com poucos dentes. O homem, com cabelos compridos, pelos no corpo, trajava uma saia, miniblusa e estava sorrindo. Havia ainda um enunciado no texto, mais ou menos assim: *essa menina saiu de casa na sexta-feira. Vamos orar para que ela continue desaparecida!*

Quando o aluno apresentou o *meme*, por um segundo, pensamos que haveria uma discussão, por parte do grupo, sobre o modo de organização daquele texto, a partir da intencionalidade e do movimento das representações naquele gênero. No entanto, o integrante disse que, para concluir o trabalho, decidiram apresentar aquela imagem para descontração, para rirmos. Segundo ele, era um *fechamento* de modo irreverente. Ficamos paralisadas e paralisados, pois aquela imagem – as linguagens verbal e não verbal – orientavam a preconceitos sobre o feminino e o masculino, sobre o feio e o belo, entre outros. De repente, alguns estudantes, indignados, levantaram-se e se posicionaram sobre aquela figura no *slide*. Houve um momento muito conturbado, de grande desgaste emocional, pois os posicionamentos ficaram bem violentos. Agressões verbais emergiam. As ofensas de um lado e do outro se entrelaçavam!

Aquela aula, toda planejada, virou um caos! Eu tentava acalmar os ânimos, tentava abrir um espaço de discussão sobre a apresentação. Depois de alguns minutos, conversamos sobre o ocorrido. Palavras como respeito, formação, crenças e valores eram convocadas para reflexão e foram postas discursivamente no papel. Orientei os estudantes a escreverem sobre aquela aula, considerando a tarefa, o conteúdo, a apresentação e o comportamento de todos!

E a aula? E o planejamento? E as minhas certezas? Ah!!! Penso que diversos acontecimentos compõem o gênero de atividade *aula*, que não há um conceito fechado, limitado. Os acontecimentos podem guiar as reconstruções da nossa prática e, ainda, abrir espaço para pensarmos acerca das nossas fragilidades e dos nossos limites. Diante disso, o conceito de aula se reformula diante das inúmeras situações. Acredito, assim, que vivenciar a docência talvez seja o primeiro passo para a formação da professora e do professor. Quero dizer que os conceitos postos para nós na graduação, relativos ao ser professora e professor, só podem ser visualizados na e pela docência.

QUEM SÃO A PROFESSORA E O PROFESSOR?

Publicado em 04/05/2018

Muitos estudos vêm contemplando temáticas que envolvem a imagem da professora e do professor, o trabalho em sala de aula e as questões relacionadas à desvalorização docente. Por meio de pesquisas, abre-se um espaço para se pensar no ser professora e professor e, ainda, o que cerceia esses profissionais. Por mais que não estejamos satisfeitos com as implicações das pesquisas no que diz respeito à consolidação dos resultados, acredito que é importante fazer circular esses estudos. De certa forma, é uma maneira de refletirmos sobre o ser docente.

No meu exercício de (re)pensar as imagens da profissão, algumas representações têm me instigado a questionar: quem é esse sujeito?

Na realidade, parte dessa indagação me acompanha desde 2012, quando iniciei os meus trabalhos em torno dessa temática. Na época, incomodavam-me as fragmentações postas para esse profissional, isto é, imagens específicas para a professora e o professor do ensino fundamental, do ensino médio, do ensino superior, de escola pública, de escola particular... E é interessante ver, hoje, a circulação de outras imagens e sentidos, como a da professora e do professor que são tutores.

É claro que, atreladas a essas partições do ser docente, estão os estereótipos, ora positivos, ora negativos. Tenho um pouco de dificuldade de entender essas denominações que, de certa forma, acabam valorizando mais um certo grau do ser professora e professor. Essa minha dificuldade pode estar ancorada na visão de que um profissional de escola pública do ensino primário atua, também, numa instituição particular de ensino superior – às vezes, no mesmo dia, em turnos diferentes. O que quero dizer, então, é que esses profissionais são professores, considerando todas as particularidades que existem!

Outras representações que também me instigavam estavam relacionadas ao papel desempenhado. Muitas professoras e muitos professores que, em 2012, participaram da minha pesquisa de doutorado, cuja temática contemplava o que é ser professor no Brasil, diziam se sentir incomodados com atribuições que eram postas a eles, relacionadas, por exemplo, ao ser pai, ser mãe, ser psicólogo, ser missionário, entre outras.

Hoje, as definições e as representações continuam me aguçando. Tenho observado que se, por um lado, algumas professoras e alguns professores se lamentam por terem de desempenhar papéis mais da esfera familiar, por exemplo, existem, por outro lado, outras e outros que sentem orgulho desse lugar.

Nos últimos meses, no cenário da pós-graduação, notei que muitas professoras e muitos professores almejam lugares que outrora eram ou ainda são problematizados. Destacarei duas situações que ilustram o meu posicionamento.

Há uns dois meses, assisti a algumas defesas de dissertações e teses e, em uma delas, no rito final, o professor tomou a palavra. Com a voz embargada, enfatizou: *esse é o meu filho*. Na mesma época, ao conversar com uma colega professora, ela destacou que sua *missão já tinha sido cumprida naquele lugar e que alguns estudantes não eram mais seus discípulos*.

É importante deixar claro aqui que não estou questionando essas imagens. Mas o que me incita é pensar que, a depender do contexto, alguns papéis emergem, o que reforça determinadas figuras e sentidos: professor-pai, professor-missionário.

Sendo assim, podemos novamente perguntar: quem é a professora e o professor? Atrevo-me a responder salientando que somos educadoras, educadores, trabalhadoras e trabalhadores. As relações postas entre professora, professor, aluna, aluno, profissional e instituição na qual se atua, as vivências e as experiências compõem esses sujeitos.

REFERÊNCIA

LEITE, Maria Alzira. *Olhares para o professor*: representações e discursos. Colatina: Clock-Book, 2017. 209 p.

VOZES AINDA SILENCIADAS

Publicado em 18/05/2018

Podemos dizer que é visível o grande número de mulheres ingressantes na universidade. Em determinados cursos, por exemplo, a maioria é feminina. No entanto, o fato de muitas estarem nesse lugar não quer dizer que continuem a estudar depois de formadas. Algumas conseguem somente terminar a graduação e, no máximo, uma especialização. São diversos os fatores que acabam contribuindo para essa interrupção, mas um deles é bem preocupante: a determinação masculina.

É muito triste ver mulheres submissas e *castradas* seja pelo pai, pela mãe, pelo marido e/ou pela sociedade, de forma geral. Ao ler este texto, muitos podem se perguntar: *mas isso ainda existe?* Eu respondo: sim!

Como professora na pós-graduação, em cursos de especialização, mestrado e doutorado, destaco dois momentos que acentuaram a minha reflexão. O primeiro diz respeito a uma sessão de orientação. Em reunião com a aluna, o telefone dela nos interrompeu. Era o marido que havia chegado em casa e informava que o jantar não estava pronto. O tom de voz era alto e eu conseguia ouvir a ordem: *onde você está? Venha já para casa!* Essa aluna imediatamente desligou o *smartphone* e se desculpou comigo. Vejam bem: esse desculpar não estava direcionado à interrupção da orientação, à necessidade de deixar a reunião. Ela se justificava e se lamentava por ter se esquecido de preparar o jantar.

Um outro momento que também me deixou pensativa ilustra a finalização de uma dissertação. Geralmente, o término de uma pesquisa está atrelado a um cenário de expectativas. E, nesse caso, a conclusão do estudo foi um sucesso! Então, na ocasião da comemoração, fui convidada para um jantar na residência da aluna que orientei. E... – não sei bem se, às vezes, eu falo demais... – acabei dizendo que ela já podia pensar em estender o seu estudo para um doutorado. Vi que os seus olhos brilharam! Era a primeira mestra na família! No entanto, mais uma vez, uma voz masculina estava no comando, conduzindo o fazer. Antes mesmo de ela tentar responder, o marido interveio: *de jeito nenhum! Estudar mais para quê?*

Eu ficava muito reflexiva com essas conduções masculinas, e acabava explicando para mim mesma que talvez fosse algo recorrente em algumas cidades menores! Os meus estereótipos acabavam reafirmando outras representações. No entanto, hoje, estou numa capital e, novamente, determinadas vozes começam a emergir conduzindo as mulheres...

O que posso dizer? Mulheres, se vocês quiserem, estudem, avancem, viajem! Apresentem seus estudos! Defendam seus posicionamentos! O conhecimento ultrapassa a casa, a cidade, o Estado. Todos tendem a ganhar com o saber! A sua voz de estudante, de mestra, de doutora precisa ser ouvida e fazer sentido para você!

UM TEMPO PARA DESCANSAR

Publicado em 29/06/2018

Já estamos bem próximos do recesso. Nesta última semana de junho, já sinto a fadiga consumindo as minhas ações. Mesmo assim, quando entro no escritório, ainda me deparo com os lembretes de reuniões, com as inúmeras atividades para corrigir, com o lançamento de notas.

Rapidamente, desvio o meu olhar e vou para o sofá. Costumo dizer que, quando me sinto muito esgotada, a minha vontade é de assistir às novelas mexicanas. É de ficar parada, ali, em frente à televisão, olhando para o nada. Diante desse cenário, percebo que é necessário um tempo para descansar!

Como professora, noto que é muito difícil pararmos! Há indícios de que qualquer tempo, para nós, seja o momento de avançarmos no trabalho, de *colocá-lo em dia*.

E isso não é bom! As pesquisas e os relatos dos próprios colegas têm indicado que os níveis de doença e estresse entre as professoras e os professores são bem preocupantes. As exigências da nossa profissão, aliadas às condições que envolvem nosso trabalho, geram afastamentos em um ritmo elevado. Podemos interpretar esse contexto de adoecimento como um alerta para a necessidade de mudanças. E, talvez, agora seja o período para resgatarmos hábitos que possam corroborar o nosso bem-estar.

Não quero reproduzir, aqui, o discurso médico do *é preciso fazer X*. Gostaria de convidá-la e de convidá-lo a olhar no espelho e se perguntar: quem é você, professora? Quem é você, professor? O que você gosta de fazer, além de trabalhar? Você deseja interagir com quem, além das alunas, dos alunos e colegas de trabalho? As respostas talvez possam contribuir para uma organização pessoal ligada ao próprio prazer!

É claro que o modo como cada uma ou cada um vai planejar os seus horários de descanso vai depender daquilo que promove o seu bem-estar físico e mental. O importante é encontrar um espaço de valorização para você mesma e para você mesmo!

O recesso que está chegando agora, professora e professor, não é um privilégio, mas uma necessidade! Essa consciência pode garantir a manutenção de energias físicas e mentais!

A LEITURA NAS LENTES DO COTIDIANO

Publicado em 13/07/2018

Chegamos ao mês de julho! Algumas professoras e alguns professores, provavelmente, já estão em recesso. Termino, então, o semestre abrindo um espaço para discutir sobre a ação de ler. Pensar sobre as práticas de leitura e suas representações é, de certo modo, refletir sobre a nossa própria história com os textos, numa relação dialética na qual se envolvem a leitora ou o leitor, a cidadã ou o cidadão. Acredito que a leitura abre novas possibilidades e nos cerca de sentimentos. Na verdade, passamos a *ver o mundo* de outra forma.

Nessa esteira, ancorada no pensamento de ver por meio de outros olhares, compartilho uma experiência significativa. No meu último dia de aula, numa determinada disciplina, resolvi fazer uma espécie de *correção* individual. Na verdade, havia preparado uma aula dialogada, considerando as inadequações mais recorrentes na atividade avaliativa. No entanto, quando entrei na sala e vi aqueles semblantes ansiosos, preocupados com as notas, alterei a minha estratégia.

Aleatoriamente, comecei a chamar cada uma e cada um à minha mesa. Eu entregava a atividade, o estudante a lia em voz alta para mim e começávamos a conversar sobre a sua escrita, os seus pontos de vista, as suas estratégias argumentativas. No decorrer desse diálogo, eu perguntava o que ela ou ele costumava ler, além do espaço escolar, e percebia certa timidez, em algumas e em alguns, no momento de falarem sobre suas escolhas.

É incrível como alguns estudantes são tão expressivos no meio da turma, mas, num momento mais restrito, ficam muito acanhados. Com um embargo na voz, muitos nem olhavam nos meus olhos. Eu insistia no questionamento: *mas o que você costuma ler?* E as respostas giravam em torno de textos religiosos, livros de autoajuda, cadernos de novelas e esportes, entre outros. Alguns se justificavam, ainda, dizendo que *não gostavam de ler Machado de Assis*.

Nesse momento, notei que muitos esperavam um ato de repreensão da minha parte. Num gesto de acolhimento, eu dizia: *que bom! Você lê!* E acrescentava: *quem sabe você também não possa escrever sobre as suas leituras? Seria uma forma de exercitar a escrita!*

Defendo que a leitura tem várias histórias: de dentro e de fora. Em diferentes momentos, nas diversas situações sociais das quais participamos – lendo um jornal ou um livro, navegando na internet, estudando, assistindo a um filme ou a um debate –, utilizamos nossas competências e habilidades para ver, expor e *sentir o mundo*.

Como professora, penso que é necessário entender um pouco de onde a nossa aluna e o nosso aluno falam, escrevem e se posicionam! Tenho ciência de que vários são os nossos desafios, considerando os níveis de letramentos. No entanto, também reconheço que não é defendendo uma linha pautada no *certo* ou no *errado*, em termos de leitura e escrita, que vamos avançar! Assim, concordo com Britto (2003, p. 30), quando assinala que "as práticas e os modos de ler estão articulados aos espaços e situações sociais que correspondem a modos de vida ajustados (e desejados) aos hábitos urbanos da sociedade". Nessa linha, penso que a ação de *enfrentar* determinadas ações de ler e de escrever, tendo em vista as especificidades dos gêneros, está em atividades que respeitam as vivências e experiências! Afinal, todas e todos nós temos uma história com a leitura e com a escrita!

REFERÊNCIA

BRITTO, Luiz Percival Leme. *Contra o consenso*: cultura escrita, Educação e participação. Campinas: Mercado de Letras, 2003. 216 p.

AFETIVIDADE E TRABALHO DOCENTE

Publicado em 07/09/2018

Desde o dia 24 de julho, encontro-me em duas coordenações. É difícil estar na posição de coordenadora e também na de professora. É complicado reger questões didáticas, metodológicas e, ainda, lidar com o próprio planejamento das aulas. No entanto, essa vivência só vem a legitimar o que penso sobre o trabalho docente: a afetividade é imprescindível no processo educativo, nas ações de coordenar e/ou de lecionar.

A afetividade está na essência de um trabalho que envolve a escola e a equipe pedagógica. Talvez seja por isso que o fazer da professora e do professor ainda resgate imagens ligadas ao acolhimento e à emoção.

Essas imagens instigam um saber agir com vistas à mudança. É isso mesmo! Apesar das inúmeras representações negativas que envolvem o ser professora e o ser professor, aqueles que ainda optam pela carreira do Magistério têm o desejo de fazer a diferença na vida do outro.

Isso quer dizer que não é o aspecto financeiro que instiga um jovem a ser professor. O alicerce para essa profissão se pauta no contentamento de fazer parte da relação de ensino-aprendizagem que reverbera nas demais esferas da vida.

Nesse viés, ressalto que a ação educativa é um ato dialógico. E, nesse movimento recíproco de tentar compreender o outro, considerando-o como um ser humano sócio-histórico-cultural, perpassamos pela trilha da empatia e dos sentimentos de afinidade. Logo, entendo que o afeto entre coordenadora, coordenador, professora, professor, aluna e aluno tende a contribuir para a maturidade de todas e todos.

Como professora, numa formação contínua, tento compartilhar um processo educativo cuja valorização se encontra na construção do conhecimento e nas experiências afetivas. Assim, independentemente do lugar onde estou, procuro abrir espaços de posicionamento para as minhas alunas e os meus alunos, pois acredito que as relações no universo pedagógico podem se aprimorar mediante os inúmeros desafios, encontros e desencontros, todos pautados nos diálogos, instituídos com a alteridade.

MEDO DA/NA SALA DE AULA

Publicado em 05/10/2018

Nesta semana, assisti a uma reportagem que me deixou muito pensativa. A notícia girava em torno da violência contra um determinado professor. As alunas e os alunos desse professor transformaram a sua aula em um *filme de terror*: palavras de baixo calão e objetos eram lançados contra ele.

O professor, de frente à classe, lutava para permanecer ali, naquele lugar. Eu me senti muito constrangida vendo aquela situação. Um medo de estar na sala de aula e, ao mesmo tempo, um medo personificado desse ambiente específico se materializou. Nesse cenário eu me projetei. Na verdade, acredito que esse professor representa a todas e todos nós!

Considero que a imagem da professora e do professor nos orienta para a resistência. E destaco que resistir não denota permanecer no mesmo lugar. No caso desse professor, ele rescindiu o seu contrato, no entanto, deixou claro que *ama o seu ofício* e que permanece firme no seu propósito de ser professor.

Emocionei-me quando ele, no final da matéria, desabafou: *eu acredito ainda na Educação. Eu acredito numa Educação que transforma.* Diante desse cenário, noto que, imbricados nesse dizer, estão a imagem e o agir docente. Por mais que os pontos negativos sejam reafirmados, muitas vezes, até mesmo por nós, no fundo, as professoras e os professores ultrapassam as barreiras e avançam!

Assim, é bom ainda lembrar que, em época eleitoral, tão convidativa às atitudes, os nossos olhares para o horizonte possam nos conduzir a uma prática reflexiva e dialógica.

O QUE COMEMORAR?

Publicado em 19/10/2018

No mês de outubro, em vários estados do Brasil, há um recesso que alguns intitulam como a *semana do saco cheio*. Nesse mesmo período, no dia 15, comemora-se o Dia do Professor. Cabe destacar que muitas e muitos aguardam inquietos por essa semana, pois anseiam *colocar o trabalho em dia*, e outros aproveitam para descansar! Acredito, inclusive, que a segunda opção seja bem mais atrativa, tendo em vista que as tarefas relacionadas ao nosso fazer nunca terminam. Ao contrário, multiplicam-se!

Independentemente do planejamento, penso que o momento é convidativo para se indagar: o que comemorar no dia 15 de outubro? Eu poderia enumerar diversos aspectos problemáticos que envolvem a nossa profissão. E a resposta sairia negativa. Mas a minha opção ainda é pelo lado real, pautado na esperança de dias melhores.

Ser professora e ser professor é difícil! Mas ser policial, médica ou médico, contabilista também é desafiador. Todas as profissões têm especificidades. Então, como professora e pesquisadora, não gostaria de enaltecer, sobremaneira, uma determinada profissão, representando-a num pedestal. Não é o meu intuito reforçar figuras de um sujeito como um missionário ou como alguém que possui um dom. Muitos, talvez, possam pensar que eu esteja sendo dura nas minhas palavras, porém noto que essas imagens acabam reforçando discursos cujas dimensões representacionais orientam a determinados estereótipos que impulsionam a desvalorização.

A professora e o professor são trabalhadores... Todos os dias! Defendo que a representação docente ultrapassa o romantismo da figura da aluna e do aluno que entrega a maçã à *mestra* ou ao *mestre*. Assim, vejo a nossa representação imbricada em ações que podem mudar a vida do outro. Diante disso, comemoremos o 15 de outubro considerando os ressignificados da nossa prática. Esses ressignificados chegam até o outro e aguçam escolhas e transformações!

A SOCIALIZAÇÃO DE PRÁTICAS

Publicado em 31/10/2018

O cenário educacional para a pesquisa não está promissor! Não há verbas e nem incentivo para o nosso olhar investigativo e para a circulação do conhecimento. Infelizmente, noto que as instituições privadas se limitam ao pagamento do salário das professoras e dos professores como um benefício, e não como um direito. Diante de um contexto, às vezes, de conformidade, nessa semana, ainda escutei: *não há pesquisa aqui, mas ainda bem que você está trabalhando.*

Automaticamente, após ouvir esse dizer – ancorado na intimidação –, iniciei um processo de reflexão comigo mesma: sim, atuamos de forma robotizada ministrando aulas, lançando notas, confeccionando provas... Então, pergunto: como podemos avançar, articulando a teoria à prática? Como podemos ultrapassar os *muros da escola*, socializando os resultados dos nossos trabalhos?

A resposta perpassa pela ação de resistir e ir à luta! Como professora, tento instigar minhas alunas, meus alunos e colegas à adoção de um caderno de campo. Nesse caderno, é interessante anotar as experiências positivas e negativas para almejar, assim, a produção de artigos, de relatos e resenhas. Nessa linha, também é possível nos prepararmos para apresentações em eventos nacionais e internacionais.

Penso que o cenário de produção acadêmica precisa ser socializado por meio de trocas pautadas no saber-fazer. É possível progredirmos, nesse viés, tendo em vista o desenvolvimento do indivíduo, aliado às práticas de ensino-aprendizagem e à reconfiguração do nosso agir.

O QUE TEMOS PARA HOJE?

Publicado em 03/02/2021

O ano de 2020 nos convidou impositivamente a parar em função da pandemia de COVID-19. Diante de um cenário de medo e incertezas, realizamos uma travessia das aulas presenciais para o ensino remoto emergencial. Ressignificamos a nossa rotina pessoal, familiar, o trabalho. Na verdade, tenho a sensação de que entramos numa *bolha* e nela tentamos sobreviver.

Isso me faz relembrar os versos da canção *Aquarela*, de Guido Morra, traduzida e interpretada por Toquinho, quando nos diz: *o futuro é uma astronave / que tentamos pilotar / Não tem tempo, nem piedade / Nem tem hora de chegar / Sem pedir licença / Muda a nossa vida / E depois convida / A rir ou chorar...* E como a nossa vida se alterou! Acredito, como professora, que toda dinâmica de mudança impacta as nossas ações e os nossos gestos profissionais.

Seguindo os versos de Toquinho, no meu caso, tento aceitar o convite para rir, tendo em vista toda essa mudança. Do ponto de vista profissional, considerando a minha experiência como professora, procurei enxergar um outro lado para essa travessia – ressalto que o meu lugar de fala é o de uma professora que compõe uma equipe docente numa instituição privada que abre espaço para a valorização do trabalho, o que fez muita diferença na minha prática nesse momento. Assim, resgatei as minhas concepções teóricas sobre multiletramentos e conduzi a minha prática de forma colaborativa. Pude investir em cursos sobre *softwares* educacionais e, com colegas professoras e professores, trocamos ideias, experiências e conhecimentos. Fizemos testes de aulas, participamos de *lives* e, quando tínhamos dúvidas, recorríamos aos estudantes. Por isso, na minha vivência, esse momento abriu espaço para potencializar os meus aprendizados. Dentre eles, destaco a capacidade de transformar as estratégias de ensino.

Ao fazer um balanço do meu agir docente e analisar os relatos de colegas em relação às suas metodologias, nesse contexto, a minha tendência é reconhecer que muitas dessas professoras e muitos desses professores avançaram em termos de letramentos e conseguiram se apropriar de variadas tecnologias digitais, de aplicativos e aulas on-line. Tentaram se adaptar e fizeram acontecer! Arriscaram! Muitas vezes, erraram, mas, em inúmeros momentos, acertaram!

Gostaria também de destacar a emergência do trabalho colaborativo que se fez mais presente em determinadas situações. Em minha prática e também ao acompanhar a rotina de ensino de alguns estudantes que são professoras e professores em escolas privadas, notei que esse saber-fazer incluiu diversas famílias, equipes pedagógicas e estudantes. Por mais que as dificuldades de relacionamento, de diálogo e de tempo tenham se manifestado, parece ter havido uma aproximação entre esses indivíduos. Nessa linha, percebo indícios de que algumas professoras e alguns professores tenham encontrado nas fragilidades um ponto em comum para o fortalecimento e para fazer com que as aulas ministradas fossem as melhores possíveis.

A caminho das linhas finais, retomo o título deste texto. O que temos para hoje? Novamente, recorro à canção *Aquarela* para responder: *se um pinguinho de tinta cai num pedacinho azul do papel / Num instante imagino uma linda gaivota a voar no céu*. Então, que nós, professoras e professores, possamos sempre aproveitar o cair do *pinguinho azul no papel* para vislumbrar dias melhores! Nós temos a consciência de que vamos continuar fazendo o nosso melhor!

REFERÊNCIA

LETRAS. *Aquarela*. Disponível em: https://www.letras.mus.br/blog/historia-musica-aquarela/. Acesso em: 27 jan. 2021.

APROXIMAÇÕES POR MEIO DA AFETIVIDADE

Publicado em 24/03/2021

Escrever, reescrever, apagar e recomeçar são verbos que podem ilustrar a realidade de muitas alunas e de muitos alunos na universidade nos últimos meses, com a pandemia de COVID-19. Como professora de diferentes disciplinas na pós-graduação em Educação, ao observar a rotina de escrita acadêmica desses estudantes, noto certo isolamento nas linhas e nas entrelinhas, tendo em vista as construções textuais. É importante evidenciar que não faço referência ao trabalho solitário que envolve a acadêmica ou o acadêmico e o seu objeto de estudo, mas a uma espécie de restrição para o desenvolvimento do texto. Noto que as progressões textuais se fragmentam em blocos temáticos sem articulações. Talvez, metaforicamente, ilustrem uma rede de pesca recortada.

É claro que, nesse cenário pandêmico, com as perdas de familiares, amigas, amigos e a sensação de impotência diante das situações político-sociais, tudo isso parece alimentar o nosso desgaste emocional. Assim, paira no ar um certo desânimo. Outro aspecto que evidencia o cansaço é a quantidade de atividades escolares no ensino remoto emergencial. Essas vulnerabilidades se refletem na saúde física e emocional, no convívio familiar e em tarefas no dia a dia. Então, organizar um horário de estudo, escolher um ambiente na casa para as atividades e, de fato, conseguir realizá-las, em termos práticos parece demandar muito esforço.

Diante desse contexto, procuro, em um primeiro momento, acolher minhas alunas e meus alunos com palavras que abram espaço para o diálogo. No meu formato virtual de ensino, frases como *bom dia, boa noite, como você está?, como foi a sua semana?* ou *como estão os seus familiares?*, aliadas a uma entonação de boas-vindas e acolhimento têm potencializado as interações no momento da orientação, no mestrado, no doutorado, nas aulas da graduação ou da pós-graduação. Essa forma de contato, por meio da escuta, da fala, do tempo e do espaço para as respostas, tem amenizado os desafios que permeiam o virtual e o presencial.

Em um segundo momento, nas correções de atividades, tento realizar um trabalho de interação que não contemple apenas os apontamentos relativos às fragilidades linguístico-gramaticais ou às formas de progressão discursiva. Procuro investir numa intervenção pautada na reflexão e na compreensão do uso e da função social daquele modo de produção. Então, nessa linha, tento chegar até o outro e contribuir, de alguma forma, com os avanços no aprendizado.

Às vezes, as produções ainda continuam fragmentadas. Entretanto, por meio de um trabalho de escrita colaborativa, esforço-me com uma forma de ensino que tenha mais afeto. Termino com os dizeres de Rubem Alves (2002), quando nos lembra que "toda experiência de aprendizagem se inicia com uma experiência afetiva". Espero resistir para continuar nesse processo de criação de vínculos, que, além de potencializar a relação entre professora ou professor e estudantes, se estende também à amizade.

REFERÊNCIA

ALVES, Rubem. *O sabor do saber*: a arte de produzir fome. 2002. Disponível em: http://www.jornaldaciencia.org.br/Detalhe.jsp?id=5692. Acesso em: 14 mar. 2021.

ESTÁ QUASE NA HORA DO CAFEZINHO

Publicado em 12/05/2021

As temperaturas declinam! O vento sopra através das folhas, um raio de sol tímido ilumina os prédios e as ruas em Curitiba, no Paraná, onde moro! É interessante notar que as massas de ar frio e seco começam a fazer parte da nossa rotina! Diante disso, parece que o outono realmente chegou! Com ele, a esperança e uma expectativa para a aceleração da vacina contra o COVID-19 para todas e todos!

Nas últimas semanas, tenho pensado muito no contexto em que vivemos, e isso inclui, é claro, refletir sobre os impactos do distanciamento e do isolamento social provocados pela pandemia, sobre as superações relativas ao nosso trabalho, ainda no formato remoto, sobre a necessidade do cuidado com a nossa saúde e a manutenção das nossas relações, mesmo à distância.

Nas trilhas das minhas conjecturas, deparei-me com as memórias relativas aos períodos da *hora do café*, o intervalo. E, assim, acabei resgatando uma fala que é bem recorrente na minha rotina: *pessoal, está quase na hora do cafezinho!* Ah, como sinto falta desse momento! Esse enunciado é tão presente no meu dia a dia, que, em alguns horários da manhã ou da tarde, mesmo sem estar em uma sala de aula presencial, envio mensagens pelo *WhatsApp* para colegas professoras, professores, alunas e alunos para lembrar da importância desse instante.

Já dizia Mário Quintana que "o café é tão grave, tão exclusivista, tão definitivo que não admite acompanhamento sólido [...]". Sábio Mário Quintana... Ouso a dizer, nessas linhas, que há indícios de que o café seja uma metáfora para o encontro com experiências e socializações dos acontecimentos. E, talvez, o outono, com um ar mais frio, constitua-se como cenário potencializador para essa prática.

Como uma boa mineira, posso afirmar que o melhor acompanhamento do café é, sem dúvida, as companhias. No *cafezinho*, geralmente, ficamos mais à vontade com os causos, os desabafos, os risos ou até mesmo com a externalização dos pontos de vista. O intervalo, delineado pela representação de um aroma e de um determinado sabor poético, tende a nos conduzir para as interações que preveem aconchego, acolhimento e renovação dos vínculos afetivos.

Assim, espero que dias melhores cheguem logo! Não vejo a hora de olhar para todas e todos e, em um bom tom, dizer: *pessoal, está quase na hora do cafezinho. Já podemos ir?*

REFERÊNCIA

QUINTANA, Mário. *Café, verso e história.* Dalila Teles Veras, [2021?]. Disponível em: http://www.dalila.telesveras.nom.br/palestrasdalilatelesveras1.htm. Acesso em: 2 maio 2021.

QUEM CUIDA DE MIM?

Publicado em 23/06/2021

E junho chegou! É um dos meus meses favoritos! Talvez por me recordar da alegria das festas de São João. Essa memória resgata a contemplação do céu estrelado nas noites juninas e, ainda, o calor da fogueira, o cheiro da pipoca e o gosto doce da calda que cobre a maçã do amor! Na verdade, já estamos quase na metade do ano de 2021 e aquela sensação da necessidade de pausa começa a se intensificar.

Nos últimos dias, tenho observado que o cansaço, delineado pelas atividades que envolvem inúmeras aulas e correções de provas, tende a indicar que o ritmo e as escolhas de trabalho precisam ser revistos. No entanto, essa percepção parece, às vezes, ficar cristalizada, ancorada apenas numa identificação, num sintoma. Esse movimento de transformação da rotina envolve atitude.

Diante disso, num exercício de autorreflexão em torno da minha rotina, convidei-me a pensar: quem cuida de mim? Por alguns segundos, submersa no trajeto das possibilidades de respostas, encontrei a melhor das alternativas: eu mesma! Ou melhor, eu mesma deveria me cuidar. As ações de autocuidado se iniciam por nós! Sendo assim, também instigo você, cara leitora e caro leitor, a pensar, em um tom indagativo: o que você tem feito para o seu bem-estar? Os exames médicos estão em dia? As atividades físicas são realizadas? Como está a sua alimentação? E as interações na vida familiar? E a questão maior, nesse contexto de fragilidades em torno da pandemia de COVID-19: como estão os seus projetos de vida?

Ora, retomo os dizeres de Cecília Meireles (1942, p. 411), quando ressalta que "a vida só é possível reinventada". Nesse viés, talvez seja o momento de não apenas reinventarmos metaforicamente a vida, mas também de (res) significarmos o nosso trabalho, envolvendo os nossos projetos. E isso pode se constituir em fechar ciclos para abrir novos portais!

Quem sabe, então, com o desenrolar do mês de junho e com a chegada de um tímido recesso, possamos repensar o gerenciamento das nossas atividades e dar valor ao que é mais importante: nós mesmas, nós mesmos! O cuidar de si envolve planejamento. Desse modo, precisamos estar bem para trabalharmos numa dinâmica que possa contemplar uma satisfação pessoal para, afinal, acolhermos o outro.

REFERÊNCIA

MEIRELES, Cecília. *Vaga música.* Rio de Janeiro: Pongetti, 1942. 195 p.

6

DESENHANDO A MINHA APRENDIZAGEM SOBRE ESTAR PROFESSORA

Michelle Ristow

Aos sete anos, uma das minhas brincadeiras favoritas era distribuir folhas de papel para as minhas amigas e os meus amigos invisíveis no chão da sala da casa em que morava com a minha família. Eu imaginava que estava em uma sala de aula. A vida andou, cresci e minha primeira formação se deu em Administração de Empresas. Quase alcançando a marca de 10 anos trabalhados na área financeira, o questionamento chegou: o que eu vim fazer neste mundo? A partir de um trabalho com crianças entre 8 e 12 anos, aos finais de semana, uma certeza passou a habitar os meus pensamentos. Os dias com as crianças eram mais vibrantes do que os dias no departamento financeiro. Minha energia vital já não estava mais dentro de um escritório. Prestes a completar 30 anos, decidi iniciar os estudos em Pedagogia e o desenho do meu novo começo era real. Durante os anos de formação, atuei como estagiária da prefeitura de Guarulhos-SP, como assistente de coordenação em uma escola de educação infantil e, prestes a concluir a graduação, atravessei a minha primeira experiência de estar professora em uma escola inovadora. A minha relação com a Educação começa na infância, mas é fortalecida, já adulta, pelo cruzamento da minha história com a história das outras pessoas e das outras narrativas de vida. As pessoas que passei a conhecer e com quem comecei a trocar a partir do encontro na Educação me mostraram outros caminhos possíveis e me apontaram para rotas potentes de se descobrir, desvendar e, o principal, de desenhar a aprendizagem. Por ser buscadora de experiências e de encontros, por me colocar a caminho, considero que a Educação também é aquela que constrói a autonomia e considera o lugar de fala do outro. Gosto de ensinar os meus estudantes a partir da escuta, da conversa, da contação de histórias, desenhando caminhos e percursos, apresentando possibilidades, acompanhando suas reflexões e brincando. E é justamente a partir das características que carregam a minha forma de aprender e oferecer aprendizado que escolhi os textos que aqui estão publicados. Cada texto narra um encontro e a potência desse encontro. Cada texto relata uma escuta e a transformação a partir dessa escuta. Releio os textos escritos por mim e volto para a pergunta que antes não conseguia responder: o que eu vim fazer neste mundo? Encontro não uma única resposta fechada e embalada para presente, mas desenhos ilimitados de aprendizagem e de caminhos possíveis na Educação. Os encontros me movem. E se, para mim, a Educação é encontro, ela também é a minha mobilidade e parte da minha energia vital.

A EDUCAÇÃO É RELAÇÃO

Publicado em 28/08/2018

Em minha experiência como professora, tenho visto, a cada dia, o quanto a Educação é relação, justamente por não estar posta, definida, congelada e imutável.

Relaciono-me com os meus estudantes, com as outras professoras, com os outros professores, e, muitas vezes, percebo que não estou atenta para o que uma verdadeira relação solicita, que, em resumo, para mim, é: abrir-se para o outro e compreender o lugar de onde ele fala, que ele ocupa naquele momento e que ele acessa.

No entanto, com tantos estudantes confiados a mim, com tantas outras trabalhadoras e com tantos outros trabalhadores que circulam e convivem comigo, pergunto: é fácil abrir-se todos os dias para elas e eles (sejam crianças, adolescentes, adultas ou adultos) e tentar compreender cada uma e cada um? É tranquilo tentar olhar para onde cada uma e cada um está naquele momento ou de que forma se encontram em cada situação do dia? Eu mesma respondo: não, não é fácil. É muito delicado e difícil. É doído, é cansativo, é um processo de *puxa e solta*, é um ir e vir sem fim. É um autoconhecer-se e também reconhecer os meus limites dentro das tantas relações que vivo.

Educação demanda tempo, porque, além de envolver duas pessoas ou mais, o que já é complexo, não é o que quero que prevalece sobre o que os outros querem. É o que combinamos juntas e juntos, é o que estabelecemos, é o que cocriamos em conjunto.

A contramão disso é acreditarmos em fórmulas prontas e em pessoas prontas. Lá no fundo, pensamos que o que hoje deu certo, dará certo amanhã, e no outro dia, e na semana que vem, e no próximo mês, e com todas as pessoas, de forma igual.

Fomos ensinados a pensar, sem tempo para fazer perguntas. Mostraram-nos que há respostas para tudo e excelência nas formas que já estão estabelecidas. Confirmaram-nos que, se encontrarmos todas as respostas, ganhamos o *troféu*. Sempre nos apresentaram uma linha de chegada, como se ela devesse existir. Esqueceram da disciplina que acho que deveria ter em qualquer escola ou universidade do mundo, a disciplina do vazio, do ócio, aquela que, por si só, cria, emerge.

Fazemos parte de uma roda que acreditamos que não pode parar de girar e que não permite algumas escapatórias. Uma vez que entramos nessa roda, o recomendável é ficar e continuar rodando. Caso contrário, não fazemos mais *parte*.

Nessa automatização na qual vivemos, acreditamos que as pessoas são iguais todos os dias e até que irão compreender, em segundos, o que em nós já está enraizado pela maturação do tempo. Estamos tão acostumadas e acostumados a olhar a falta que perdemos a beleza que pode emergir com o que o tempo é capaz de promover.

Às vezes, demoramos anos para descobrir que todas e todos nós estamos em construção a cada dia, por meio das experiências que nos atravessam e das trocas que fazemos uns com os outros. Humano é humano em qualquer lugar. Seja em casa, na rua, nos estabelecimentos, nos tantos lugares que existem, como também na escola.

Nossa capacidade de nos relacionarmos ainda é tão pequena que, se não tivermos um olhar sensível e generoso, promovemos conflitos em nós mesmos, nas nossas crianças, nos adolescentes, nas outras adultas e nos outros adultos apenas por deixarmos de compreender que qualquer relação é baseada em aprendizado, cultivo e construção.

Permitir-se conhecer o outro e conhecer-se na experiência com o outro com autorresponsabilidade é ser sincero com o que se deseja e com o que não se deseja. É estabelecer os meus limites e apresentá-los. É também saber dizer que hoje preciso da sua ajuda porque não estou dando conta e permitir que o outro peça ajuda no tempo dele. Inúmeras vezes, aceleramos a nós e ao outro. Ficamos angustiados pelo outro e esquecemos que o processo é dele, e que os ganhos e as perdas fazem parte desse processo também. Não é se isentar. É estar, mas permitir que o outro construa o seu caminho. É um exercício diário, desacelerar quando nos dão tantas expectativas para cumprir.

Mais desafiador ainda é reconhecer que a escola é um lugar de força, um *cabo de guerra* ativo de reconhecimento das potências e possibilidades que emergem a partir das pessoas que constroem esse espaço. Quando afirmo que a Educação é relação, isso é um convite generoso para não perdermos a sensibilidade daquilo que fazemos. É uma tentativa de despertar a nossa consciência para a energia que dispomos em cada relação e com o trabalho de *costura* que vamos tecendo na criação do vínculo com aquela ou aquele que ali presencialmente está.

PORQUE ESTOU GOSTANDO

Publicado em 23/10/2018

Em todas as manhãs, na Wish School, escola onde aprendo e leciono, existem os momentos das provocações como parte de um convite. Duas premissas são importantes para as crianças participarem dessas provocações: o interesse e a vontade.

Dia desses, recebemos uma criança nova na escola. Ele veio de uma escola tradicional de São Paulo-SP e ainda está se adaptando ao novo espaço, às novas amigas, aos novos amigos e, por consequência da mudança, a uma forma transformadora de se fazer Educação. Para proteger sua identidade, seu nome não será revelado aqui, mas, toda vez que me referir a ele, neste texto, usarei o nome Gael, que significa *belo e generoso*, exatamente como enxergo cada uma das crianças que chega a esse mundo.

Gael sentou-se ao meu lado e a provocação que ele escolheu foi a da *aquarela*.

Os materiais disponíveis eram tão simples quanto a beleza da provocação. Aquarelas, pincéis, copinhos com água, pedaços de papel Canson que lembravam um pequeno retrato, folhas para enxugarmos os pincéis e nós ao redor de uma mesa.

Gael começou seus traços e senti o quanto ele estava envolvido com a aquarela. Pincelava de um lado para o outro, optava por diferentes cores, molhava seu pincel e um novo traço fazia em sua arte. O movimento só ilustrava a beleza de uma manhã colorida, suave, serena e tranquila.

Até que Gael me fez uma pergunta: *eu acho que isso aqui vai acabar, não vai?* Confesso que, de início, não entendi sua questão, e devolvi: *acabar? Como assim? Acabar o quê?* Ele me respondeu: *ah! Isso aqui, de pintar.* No momento em que ele me disse isso, eu procurava entender, em rápidos segundos, a lógica para aquela fala. De início, me assustei, mas ainda não sabia o porquê de ele estar falando aquilo, então, novamente perguntei: *mas por que você acha isso?* E Gael me disse: *porque estou gostando.*

Fiz um rápido silêncio para tentar discernir aquela fala.

Porque estou gostando é que vai acabar? Por que sinto contentamento, satisfação, bem-estar é que tem de acabar? Quais são os reflexos que os nossos comportamentos adultos e institucionais geram em nossas crianças e em nós? Não estamos acostumados a esse tipo de fala na Wish, mesmo porque defendemos cada parte do processo pelo qual a criança vai constituindo sua aprendizagem, seus saberes e, principalmente, seus gostos e suas aptidões. Olhamos com respeito e atenção os seus movimentos e somos ouvintes generosos de suas falas. No entanto, percebo que, quando recebemos alguma criança vinda de um sistema educacional muitas vezes engessado, conservador e autoritário, as falas assustadas ou questionadoras da própria liberdade de ser da criança são notórias.

A questão maior é que fiquei pensando que Gael chegou a esse mundo há nove anos, e outros questionamentos se fizeram presentes em mim: quem está colocando esse receio? Quem passou para o Gael que gostar de algo significa que isso vai acabar? O descontentamento só não foi maior porque sei a resposta. Não é sobre achar culpados, mas é sobre falar a respeito. Questionar. As nossas atitudes, decisões, escolhas por modelos arcaicos de Educação e de pensamento, falta de leitura de mundo, de olhar para outros contextos, falta de nos autoeducarmos e de estarmos dispostos a *sair da bolha*, falta de um diálogo generoso com as crianças, as adultas e os adultos, a nossa amabilidade em baixa, a nossa discórdia em alta.

Continuei com os meus traçados e, por um minuto, não vi mais sentido nas cores da aquarela que estava colocando ali. Gael, por sua vez, continuava a colorir. Continuava a se expressar. Gael *continuava*. Ele decidiu continuar contente, satisfeito e feliz, mesmo na angústia da sua pergunta.

Confesso que tenho me assustado muito com os tempos opacos e confusos, mas também faz parte de uma decisão minha aprender com Gael e potencializar minha decisão de seguir me transformando, colorindo e me refazendo. Não é sobre a criação de um mundo perfeito e nem um paraíso na Terra, mas sobre olharmos para o nosso movimento de vida, escolhas e decisões na tentativa de impedirmos que um inferno se instale. Sigamos!

ISOMORFISMO NA EDUCAÇÃO

Publicado em 13/03/2019

Conheci a palavra *isomorfismo* na formação de professoras e de professores deste início de ano e me encantei. Enquanto éramos apresentados ao tema e vivíamos seu significado na prática, eu pensava: *que incrível seria se todas as professoras e todos os professores pudessem ter acesso a essa informação.* Depois, em meus pensamentos, me perguntava: *mas será que o isomorfismo já não é parte indispensável da formação de professoras e professores do ensino público e privado de nosso país?* E, para finalizar, olhei para a caneta que estava em minha mão, olhei para o meu caderno de anotações e anotei: *Michelle, você precisa escrever sobre isso. Favor não esquecer.*

Eis-me aqui.

Uma das frases que li durante essa formação foi: *tornar a experiência das professoras e dos professores isomorfa à experiência de aprendizagem que elas e eles devem facilitar a seus futuros estudantes.* Ou seja, se quero que a experiência de aprendizagem da criança seja A, não posso funcionar como B, preciso funcionar como A. A experiência de aprendizagem que atravesso e que quero promover deve ser vivida e sentida por mim, tanto quanto os meus estudantes irão viver e sentir.

Quando falamos em experiências significativas e escolas que façam sentido é justamente entender e compreender essa formação próxima pela qual nós, professoras, professores e estudantes, devemos passar. Seja por metodologias ou não, a questão sempre é: como chegar de forma significativa aos estudantes? E, para achar caminhos para essa questão, é importante termos consciência de que o modo como eu aprendo na vida é o modo como eu ensino.

Se aprendi somente pelo formato de aulas, sentada e escrevendo, esse é o modo, provavelmente, como vou *transmitir* o conhecimento. Se atravesso experiências em que a prática é objeto presente antes ou depois de qualquer teoria, torno-me integrante de um processo em que há movimento e circulação de ideias, no qual sou exposta a desafios antes de qualquer resposta que deva ser encontrada.

Passo a funcionar diferente com os estímulos que me foram ofertados, porque me torno capaz de criar, recriar, inovar e renovar a partir dos dispositivos que me foram apresentados antes de, simplesmente, responder perguntas.

Uma das coisas que tenho percebido em minha rotina como professora é observar essa possibilidade de repensar a prática e o impacto que isso causa tanto na minha vida quanto na vida prática dos estudantes. Vejo isso espalhado pela escola, porque todos estamos repensando em como oferecer essa tal *forma que informa*.

Em minhas reflexões, penso sobre a importância de reconstruir um caminho de aprendizagem em comunhão com o outro, compartilhando aquilo que aprendi e que estou aprendendo, mas funcionando e trabalhando juntas e juntos.

Nesse constante movimento que é a vida e o cotidiano dentro das escolas, que eu possa oferecer contornos mais criativos e reflexivos às minhas experiências e às experiências de meus estudantes.

Por fim, analisando que a palavra isomorfismo é composta pelos termos gregos *iso* (igual) e *morphos* (forma), percebi que esse *pé de igualdade* que precisamos ter entre as experiências de aprendizagem das professoras, dos professores e dos estudantes pode ser uma das chaves que falta para uma Educação, de fato, significativa.

A TUTORIA ESCOLAR COMO UM PROCESSO SISTÊMICO

Publicado em 27/03/2019

A tutoria é um movimento que acontece dentro da escola em que trabalho e é nítido perceber sua importância e relevância para o percurso de cada criança.

No encontro de tutoria, temos a oportunidade de conversar com a criança sobre a rotina do dia, sua percepção quanto às propostas e aos projetos que estamos estudando, sua relação com as amigas e os amigos, com os agrupamentos e com a alimentação, seus momentos difíceis, suas alegrias... Falamos sobre aquilo que pode não estar legal, as sugestões e ideias sobre nosso dia a dia na escola. Cabe mais assunto também: depende do momento em que cada uma e cada um está e de como estão.

Na primeira tutoria do ano com uma das minhas tutoradas, comecei perguntando o que ela estava achando sobre o novo agrupamento e como estava se sentindo. Ela, então, me respondeu: *estou gostando de estar no 4º ano, estou gostando das propostas, estou me sentindo mais atenta, melhorei as minhas emoções. Se alguma coisa me deixa nervosa, eu já sei que preciso de um tempo, um respiro. Tem uma coisa também diferente, eu e as minhas amigas sempre fomos as mais novas, porque éramos do 3º ano e ficávamos com o pessoal do 4º, eu aprendia também com eles, mas agora não sendo a mais nova, eu ensino os mais novos. Às vezes, a gente também tinha algumas discussões com as meninas do 4º ano no ano passado, porque elas não deixavam a gente brincar muito com elas, mas, hoje, eu tento não fazer o mesmo com as mais novas, eu tento fazer diferente.*

Ao ouvir isso e ao olhar para a menina de 9 anos sentada à minha frente, fiquei pensando nas reflexões e nas mudanças interpessoais e intrapessoais que as tutorias dentro das escolas podem gerar.

Elas são um trabalho de costura, de linhas que se entrelaçam desde o ano passado, encontro após encontro, resgate após resgate, conversa após conversa, escuta após escuta. É nítido ver o quanto a criança, desde muito nova, é capaz de refletir sobre si própria, sobre o que sente, sobre a relação que tem com os outros e sobre como age com os outros. Penso que a tutoria é um momento sagrado, porque é uma oportunidade de entrar em contato com o que realmente está fazendo sentido para a criança.

A tutoria, como um processo sistêmico, exige escuta, tempo e construção, porque a parte mais difícil e bonita é colaborar para que a criança, ao longo do tempo, desenvolva a competência de refletir sobre a própria reflexão e sobre a própria mudança que está para acontecer em seu percurso.

Para além dos conhecimentos acadêmicos, que também são fonte de discussão em nossas tutorias, ter uma criança à nossa frente nos permite ser capazes de *calçar os sapatos dela* sem vivermos os seus problemas, mas aceitarmos aquilo que ela é e não aquilo que ela consegue fazer – há uma grande diferença.

As perguntas que ficam para nós, como escola, são: estamos dispostos o suficiente para perceber que há um mundo em volta da criança e do adolescente que pode estar gerando, ou não, constrangimento? Há portas e janelas que podem estar gerando, ou não, um outro sentido? Estamos ouvindo?

AS ESCOLAS E AS FORMIGAS

Publicado em 10/04/2019

Certo dia, estava conversando com um amigo e falávamos sobre as colônias de formigas, como elas se movimentam, se organizam e se estruturam para conviver tão juntas em sociedades tão complexas. São inúmeras em um formigueiro, com trabalhos e responsabilidades entre elas. Desde as formigas que vivem no subsolo e que criam túneis para permitir a circulação de ar pela terra até as que constroem seus próprios ninhos e os compartilham com formigas de espécies diferentes. De tudo isso elas são capazes.

Mas o que mais me chamou atenção foi quando ele me contou que as formigas que encontram comida deixam um rastro de odor até o ninho para as outras seguirem. Pensei: *uau. Que tal sermos, em nossas escolas, como as formigas?*

Refleti sobre a nossa relação como professoras e professores dentro do espaço escolar e algumas perguntas apareceram. Deixamos rastros das reflexões boas que acontecem com o nosso grupo de crianças? Permitimos que as outras colegas e os outros colegas saibam da nossa prática com a turma de adolescentes? Compartilhamos o que deu muito certo e também o que não deu certo para dividir e aliviar as nossas angústias? Somos parceiras e parceiros nas instituições em que trabalhamos? Em conjunto, tornamos leve o nosso esforço? Pausamos em grupo para respirar e nos olharmos no meio do turbilhão de emoções que vivemos?

Acreditamos que a Educação se faz a partir de um coletivo de pessoas que constroem e convivem com outras pessoas e, assim, passam a conhecer a realidade do outro, transformar o seu próprio contexto e se desenvolver muito mais como seres humanos. Então, por que ainda somos, tantas vezes, individualistas, limitados, apreensivos e rígidos quando o maior dos aprendizados é a interação e a partilha com o outro?

O que das formigas podemos copiar sem medo de sermos felizes e de trazermos, para dentro das escolas, dos grupos e das turmas, a prática da coletividade que potencializa os agentes do processo – adultas, adultos, crianças e jovens – como seres humanos integrais de um percurso, e não partidos em pedaços?

Lembrei de um ocorrido no ano passado em que os materiais da escola se tornaram coletivos. As crianças não tinham mais um lápis para cada, nem uma borracha para cada, nem um apontador para cada, muito menos um conjunto de lápis de cor ou de canetinhas. Os materiais eram de responsabilidade de todas e todos, e prezar pelo cuidado desse material também. Inúmeros eventos aconteceram em função disso. Falas como: *não estou encontrando lápis para escrever. Não estou vendo borrachas aqui. Preciso de um apontador para apontar o lápis.* Falas assim surgiram e os questionamentos de algumas mães e de alguns pais também. Entendi cada questionamento, mas também não deixei de validar a importância desse *caos* para as coisas começarem a ser vistas de modo diferente. Antes, cada uma e cada um tinha o seu e ainda acontecia de perder. Agora, tudo era de todas e todos e ainda não encontravam? Como resolver? Novamente atravessando uma nova experiência e vendo o que dela podíamos ressignificar. Não foi fácil e não é fácil. O desafio continua, mas a importância de olharmos para o bem comum com cuidado e apreço é também uma habilidade a ser desenvolvida. É um *trabalho de formiguinha*, mas podemos, desde o começo, trabalhar com as nossas crianças e dentro das nossas famílias.

O QUE FAZEMOS COM O CAMINHO?

Publicado em 08/05/2019

Tenho refletido muito sobre as palavras *caminho, trajetória* e *percurso*. Desde o ano passado, elas começaram a aparecer em meus pensamentos, mas não dei muita atenção. E sabe aquela ideia de que, se é algo que você deve parar e olhar, vai voltar em outro momento? Pois bem, dito e feito.

No mês de março, encontrei-me com a estudante tutorada por mim para conversarmos sobre os vários momentos da nossa rotina na escola. Ela é uma menina de 9 anos, alegre, muito criativa, esperta, com uma imaginação gigante, assim como o seu coração. Falamos sobre diversos temas e ela se coloca de uma forma admirável. Opina, oferece sugestões, reconhece seu movimento dentro da escola e sabe comunicar suas ideias e seus pensamentos.

Em certo momento, falamos sobre os projetos que acontecem dentro de cada turma, a cada ano na escola, e perguntei como ela se sentia diante do aprendizado por projetos e ela me respondeu exatamente assim: *eu acho que o caminho do projeto, pra mim, é uma coisa muito legal, porque, quando a gente lembra tudo que a gente fez, tudo que a gente estudou, aí é bem legal. Às vezes, no começo, pode até parecer meio chato, mas depois vejo o quanto a gente aprende vários assuntos.* Olhei para ela, respirei fundo, mastiguei todas aquelas palavras de novo e, em uma velocidade muito rápida, as três palavras do ano passado voltaram à minha mente: *caminho, trajetória* e *percurso*. Validei a sua fala, disse sobre a importância da sua linha de raciocínio e expressei a minha felicidade com relação à sua reflexão.

Quando ela diz *porque, quando a gente lembra tudo que a gente fez, tudo que a gente estudou, aí é bem legal. [...] depois eu vejo o quanto a gente aprende vários assuntos*, isso é de uma riqueza enorme, porque estudar e conhecer novos assuntos é muito bom, mas revisitar o caminho, olhar para o que fizemos efetivamente, rever os pontos que descobrimos e, como um verdadeiro mapa, olhar o percurso todo é a grande diferença para reconhecermos e validarmos tudo que fizemos e fazemos dentro de um projeto, seja na escola ou nas outras áreas da nossa vida.

A importância disso é que nos tira do achismo de que *nada estamos fazendo* ou do *o que fizemos até agora?* É urgente também olharmos para esse caminho de construção que nos envolve, nos alimenta e também nos forma.

Desta vez, estou atenta às três palavras de novo, olhando para o caminho, me doendo ou me alegrando com a trajetória das relações e das construções de aprendizagem que me tocam, me abalam, me estruturam e desestruturam. Estou reconhecendo o meu percurso.

A ZONA DE CONFORTO TEM CHEIRO DE LAVANDA

Publicado em 05/06/2019

A zona de conforto tem cheiro de lavanda, mas a sala de aula, muitas vezes, tem cheiro de PUM!

Desde cedo, fui apresentada à ideia de que trabalhar em um grande banco ou em uma grande empresa, ganhar dinheiro, ter meu carro, comprar uma casa, ser independente e autossuficiente eram resultados de uma vida perfeita. A mídia, as conversas em encontros familiares e o ambiente escolar podem, em alguns momentos, reforçar essa representação.

Acho que, no meu caso, teve um pouco de tudo e, após 12 anos, já formada em Administração de Empresas e com uma carreira sendo muito bem construída, o choque: *não está dando certo. Tem algo errado, não sinto mais ânimo de fazer o que faço. Isso não é o que eu quero de verdade. Tenho tudo e não tenho nada ao mesmo tempo. Estou infeliz, e agora?*

Saltar da zona de conforto, era o que dizia aquela voz que teimava em aparecer, mas eu morria de medo dela, afinal, cá entre nós, o conforto é muito melhor, mais quentinho e tem cheiro de lavanda.

Até que, tentando entender minhas angústias, responder à pergunta *o que eu vim fazer nesse mundo?*, e atravessando experiências marcantes com crianças, decidi reajustar a rota. Tornei-me professora. Incrível como as experiências na escola me aproximam de todos os saltos que já dei e mais: de todos os saltos da zona de conforto que faço todos os dias. Escola é movimento, é esse processo de escuta constante, ouvir um *não gosto, mas tenho uma ideia melhor*; ou um *e se a gente fizesse desse jeito? Seria melhor*; ou *que tal se for assim?*, é mudança e impermanência a todo momento.

Neste ambiente de transmutação, diálogo constante, escuta e, muitas vezes, de cansaço do que também nos provoca como seres humanos a pensar em sermos melhores para o outro, é que sigo aprendendo.

E, ao menor sinal de zona de conforto, sinto que é preciso fugir da acomodação, mirar um novo objetivo para o qual valha a pena redirecionar as nossas forças e intenções em prol do que é melhor para as crianças e os jovens que, todos os dias, habitam o mesmo espaço que nós.

É preciso que, como professoras e professores, possamos flexibilizar as diferentes possibilidades para os nossos diferentes estudantes, para permitir novos alinhamentos de propósitos, além do aparecimento de novas ideias que surjam para criar novos objetivos. Isso pode se direcionar a um grupo ou apenas para um estudante, afinal, não temos todos os mesmos interesses.

É preciso, mais do que nunca, estarmos abertas e abertos a essa constante mudança e impermanência nas escolas, para que, por meio da relação, da troca daquilo que ofereço e recebo, e vice-versa, possamos nutrir as lacunas, potencializar os aprendizados e expandir o conhecimento.

Aprender a docência no mundo atual é, também, atuarmos na impermanência. Estamos dispostos?

OS PEQUENOS ATOS

Publicado em 19/06/2019

Em nossa última reunião do ano de 2018 na escola, cada uma das professoras e cada um dos professores ganhou um livro. O que ganhei carrega um nome tão significativo e tão importante que, se eu o abrisse e nas suas 326 páginas estivesse escrito somente o seu nome, ficaria feliz. Tenho certeza de que me daria muitos *insights* a cada dia.

O livro se chama *O mundo mais bonito que nossos corações sabem ser possível*, e é de Charles Eisenstein (2016). Essa obra carrega conhecimentos necessários aos nossos dias e nos convida a ouvir os nossos genuínos propósitos e a abrir mão da nossa antiga visão a fim de poder criar o mundo mais bonito que nossos corações sabem ser possível.

Em um dos parágrafos do capítulo "Esperança", refleti sobre as minhas ações diárias como professora e isso me fez amenizar a autocobrança, tão presente em mim. Nele, Eisenstein (2016, p. 80) afirma: "muitas pessoas silenciam a expressão de seus dons por pensarem que devem fazer algo grandioso com eles. Suas próprias ações não são suficientes. É preciso escrever um livro que atinja milhões. E rapidamente isso se transforma em uma competição sobre que ideias serão ouvidas. Isso invalida as pequenas e belas iniciativas da maior parte da humanidade".

Nas palavras de Eisenstein, direcionei meu olhar com relação ao que vivo na escola e vejo claramente com as crianças da turma e como cada uma reage de um jeito mediante cada coisa que trocamos juntas e juntos.

Para poucas e poucos, não fez sentido a história de inspiração que contei sobre determinada pessoa em uma proposta; para outras e outros, fez todo sentido; e uma dupla de meninas da turma escolheu apresentar, às mães e aos pais, a história inspiradora que levei. Para alguns da turma, não faz sentido parar, sentar, ouvir cada característica de todos os dinossauros que um dos colegas da turma conhece, mas, para ele, isso é tão importante que, além de sentido, aproxima e estreita a nossa relação, estabelece vínculo e retira todo o receio que tinha do ambiente escolar. Para mim, parecia não estar legal a leitura do livro paradidático que estudamos neste semestre: mesmo com as entonações de voz que eu fazia e com toda uma representação na fala, pensava que era cansativo para elas e eles ouvirem, mas, para todas e todos, era cada vez melhor, mais interessante e importante que eu continuasse a leitura.

É assustadora a forma como invalidamos as nossas atitudes, como autojulgamos sua proporção e esquecemos que, para o outro, isso pode ser a maior representação de afeto, conhecimento ou descoberta.

Tenho olhado e dado mais importância aos pequenos atos que ofereço como professora e *fogueirinhas* ficam iluminadas dentro de mim a cada reação que vejo nitidamente acontecer. As reações que não vejo, e cujos efeitos não estão ao meu alcance de enxergar, sei que são tecidas pelo fio do invisível agora, e estão presentes de diversas formas depois.

REFERÊNCIA

EISENSTEIN, Charles. *O mundo mais bonito que nossos corações sabem ser possível.* São Paulo: Palas Athena, 2016. 325 p.

O VALOR QUE A ESCUTA TEM

Publicado em 03/07/2019

A gente ama não é a pessoa que fala bonito. É a pessoa que escuta bonito. A fala só é bonita quando ela nasce de uma longa e silenciosa escuta. É na escuta que o amor começa. E é na não-escuta que ele termina. Não aprendi isso nos livros. Aprendi prestando atenção.
(Christian Dunker)

Lembro-me quando entrei na Wish, escola em que sou professora, no início do segundo semestre de 2016 e assumi a primeira turma de estudantes da minha vida. Eram crianças de 4º e 5º anos e eu fazia muitas perguntas a mim mesma, e uma delas era: *como é ser professora?* Eu não queria mostrar os meus medos, e confesso que fiquei com um grande *frio na barriga*. Mas me lembro, como se fosse hoje, da sensação de aventura e alegria ao entrar em um terreno desconhecido para mim, porque, por mais que a gente leia muito, se especialize muito, entenda muito da teoria, nada supre e alcança o viver a experiência. Estar imerso nesse mundo de imensas conexões e acontecimentos que é o *chão da sala*, mais ainda, as relações que brotam dele, é transformador.

Na época, eu já conhecia alguns teóricos, logo, suas teorias acerca da aprendizagem, e tinha certezas e muitas incertezas também, mas ainda não tinha noção de uma coisa: da complexidade que existe nas relações. Além dessa falta de noção, eu, de repente, estava lá, sentada em uma roda e com 11 crianças.

Uma infinidade de sensações e acontecimentos ocorreram e ocorrem ao longo destes quase três anos em que estou na Wish, desde a alegria da descoberta com cada uma delas e cada um deles, a certeza das potencialidades que carregam, até o medo e o receio de quais são os caminhos para essa relação. A escuta apurada e o grau de envolvimento que surge por meio dessa escuta são, realmente, um dos cernes do trabalho que fazemos, porque, ao ofertar o espaço, a autonomia e a liberdade para que a criança descubra suas inúmeras capacidades e habilidades, é preciso, muitas e muitas vezes, ao longo de cada dia, não se ater a determinado conteúdo, priorizar o humano e não a proposta que estava programada e permitir que o outro que está à sua frente viva aquela situação que dentro dele ecoa.

Nada do trabalho que realizo na Wish faria sentido se não fosse por um pensamento rápido que surgiu na primeira reunião pedagógica da qual participei, em agosto de 2016: *Michelle, fale menos e escute mais.*

A partir dali, o meu envolvimento com as outras professoras, os outros professores, as trabalhadoras e trabalhadores da escola poderia parecer mais distante, talvez, mas mal sabem elas e eles que, quanto mais eu escutava, mais eu era transformada. As interações com as crianças se tornaram muito mais potentes, porque o ouvir estava e está presente a todo momento.

A escuta, para mim, sempre foi a parte mais racional em minha vida, porque gosto de falar, o falar é a minha paixão, poder inspirar por meio da minha fala e contar as experiências que atravesso é a parte boa, tenho apreço por verbalizar como funcionam as coisas dentro da Wish, por exemplo. Mas, quando passei a entender o poder da escuta e, por meio dela, me transformar e me relacionar com as crianças da escola, é que entendi o seu valor, inclusive a carência que eu tinha em meus ouvidos por não a exercitar.

A escuta nos tira do lugar, por ser imprecisa e indefinida, ela nos confunde. É justamente por esse *confundir* que a escuta tem a força de nos transformar. Quando entendi isso, entendi também o valor das coisas que falo, entendi o cuidado generoso que é preciso ter na fala, porque há uma outra pessoa que vai ouvir e sentir, por meio da escuta, o que eu verbalizo. É dessa forma que tenho feito uma autoinvestigação e reparado bem em como tenho exercitado minha escuta e as transformações que me acontecem a partir dela.

POR QUE A GENTE PRECISA PLANEJAR O FUTURO?

Publicado em 18/09/2019

Por que a gente precisa planejar o futuro? Por que a gente não deixa ele acontecer? Fábio questionou.

Darei o nome de Fábio para continuar minha tessitura e entendermos a força que carrega cada questionamento, além de refletirmos sobre o quanto estamos dispostos a construir, com a criança, aquilo que, no começo, pode vir a ser rejeitado por ela.

Fábio completou 9 anos. Ele sempre tem ótimas perguntas, indagações, questionamentos e tenta entender por que, neste mundo, existem tantas regras, combinados, direitos e deveres.

Em nossa escola, era hora de realizarmos o Plano de Aprendizagem Pessoal, ou PAP, nome que damos para a agenda da semana. Nessa agenda, as crianças preenchem suas oficinas e atividades nos respectivos dias da semana, e isso tem como intuito ser um dispositivo que ajuda a criança a não depender exclusivamente de uma adulta ou um adulto. Permite também que a criança o use como recurso para se orientar nas propostas que acontecerão naquela semana. Toda segunda-feira, nas turmas de 3º e 4º anos, é dia de fazermos o nosso PAP.

Fui chamar o Fábio para realizar a atividade e, quando o encontrei, disse: *vamos, Fá, hora de fazermos nosso PAP*. Foi quando ele me devolveu, muito sério: *aiiii, PAP, PAP. Por que precisamos fazer o PAP? Por que vocês insistem em planejar o futuro? O futuro mesmo já diz: é futuro. Deixa ele acontecer.*

Quando ouvi essa fala do Fábio, não me contive. São perguntas interessantíssimas para entender o movimento que aquele *por que* é capaz de gerar.

Internamente sorri, mas meu sorriso extrapolou e, externamente, se deu em meu rosto. Fábio, então, perguntou: *por que você está rindo?* Respondi: *porque você é incrível e porque eu gosto das suas perguntas. Fá, vou explicar para você, de novo, sobre a importância do PAP, depois eu vou me retirar e vou te esperar com o agrupamento. Se você achar que faz sentido ir, eu estarei lá.*

Então, expliquei para o Fábio que eu também amo deixar o futuro acontecer e não me planejar tanto com o que vem depois, afinal, futuro é futuro. Validei que existem coisas, do nosso mundo adulto, muito chatas mesmo. Então, continuei: *Fá, existe uma coisa muito importante quando trabalhamos em grupo, quando estamos em uma escola, ou em qualquer outro espaço que não a nossa casa, quando temos nossos direitos e deveres dentro do lugar que frequentamos e essa coisa muito importante se chama respeito.*

Estranhamente, ele me olhou e continuei: *a partir do momento em que você está nesta escola, que oferece a forma de aprendizagem que você já sabe qual é, em que existem propostas e atividades que você gosta e com as quais aprende, e outras que você talvez não goste, por isso, sempre estamos conversando com você para encontrar o melhor caminho. Existe também um grupo, um preparo e um planejamento para as coisas acontecerem aqui dentro. É importante que você saiba entender o valor do respeito, primeiro com você mesmo. Todos os dias, pela manhã, escuto você perguntando: qual oficina eu sou? E respondo, todos os dias pela manhã: olha no seu PAP. Percebe, agora, a importância do PAP? Ele te orienta e te possibilita saber os lugares e espaços em que você vai estar.*

Ao ouvir, o Fá saiu. Eu também saí. Vi que ele foi para o corredor do fundo e começou a chorar embaixo da mesa. Naquele momento, era importante deixar ele respirar. Fui ao encontro do agrupamento onde eu precisava estar. Enquanto as crianças faziam o PAP, eu observava, de longe, o Fá. Desde o início do ano, as coisas têm sido assim: questionamentos, reflexões, indagações e, quando *pega forte* para o Fá, choro e lágrimas se dão. Estamos trabalhando a questão de ele enxergar que, sozinho, pode dar conta da sua rotina, e que não precisa de uma adulta ou um adulto sempre respondendo o que ele deve fazer ou onde precisar estar.

Neste mesmo dia, um pouco depois dos agrupamentos terminarem o PAP, o Fá já estava com outra professora da sala realizando o seu. Ainda assim, o que quero frisar não é a questão de ele fazer o PAP. O mais importante, que entendemos como um valor na escola, é ele ou qualquer criança compreender o significado e a ajuda que esse dispositivo oferece. É uma forma de se emancipar. Leva tempo, para alguns, o processo de construir linguagens que possibilitem o acesso, a emancipação. E orientar as crianças é também um processo de parir tanto para a adulta ou o adulto como para elas.

Seguimos acreditando no valor do desenvolvimento humano, na potencialidade que cada sujeito carrega e, principalmente, no tempo que cada uma e cada um tem.

OS PINGUINS TÊM JOELHOS?

Publicado em 09/10/2019

No início do ano, em nossa formação de professoras e professores, um dos temas discutidos entre nós foi a lição de casa. Não tínhamos o costume de enviar atividades para casa, pois entendíamos que mais tarefas, uma vez que nossos estudantes já ficam sete horas na escola, não fariam sentido.

Entre não fazer sentido e não enviar lições para casa, preferimos discutir qual era a verdadeira utilidade e aplicabilidade da lição de casa. Também já sabíamos que essa era uma demanda das mães e dos pais. Alinhar escola, estudantes e famílias a fim de que possa ser encontrado um *caminho do meio* para aliviar corações (família), entender a função de uma lição de casa (escola) e tornar a atividade algo significativo para elas e para eles (estudantes) fez com que a discussão com relação ao tema se fizesse presente.

Durante a discussão, ao ser perguntada qual a função da lição de casa, uma das nossas coordenadoras trouxe uma fala que achei importante: *ampliar a narrativa.* Na mesma hora, anotei esse comentário. Gostei dele, achei que, a partir dali, as coisas ficariam bem claras para mim e ficariam ainda mais claras para as crianças e as famílias. Tudo dependeria da forma, e também da narrativa que seria tratada na escola. Saímos da discussão com o seguinte combinado: lição de casa, pelo menos uma vez por semana, com o objetivo de *ampliar a narrativa*, para que a criança conclua, por meio de diferentes linguagens (escrita, desenho, imagens, recortes, mapa mental, vídeo etc.), sua produção e para que o tema que está sendo discutido/pesquisado seja valorizado.

É isso que tenho feito para tentar promover sentido e significado para as lições de casa que tenho oferecido ao meu grupo de estudantes. É sempre uma tentativa, mas, se bem amarrada com a escuta atenta e com a observação ativa do grupo, as chances são grandes de *dar frutos* – e já estão dando.

Em uma das rodas de conversa sobre o assunto *Antártica*, dentro do Projeto Aqua Boat, que vem se formando e sendo desenhado desde o início do ano, a partir do interesse do grupo, as crianças levantaram uma série de perguntas: *os pinguins têm joelhos? Existem animais desconhecidos na Antártica? Como chegamos até a Antártica? Existem moradoras e moradores na Antártica?*

Será que há lojas lá? Qual foi a menor e a maior temperatura já registradas na Antártica? Será que existem escolas na Antártica e, se tiver, como elas são? Será que lá existem meios de transporte público? Qual é a população da Antártica?

Lembro-me de que, quando saí dessa roda de conversa, pensei: *o que posso fazer com essas perguntas? Não vou trazer as respostas, eles vão realizar um movimento de pesquisa, mas quero que seja algo significativo. As perguntas são tão interessantes, as mães e os pais podiam ter acesso e... plim!* Foi quando pensei em oferecê-las como lição de casa. Assim, as mães e os pais teriam acesso às perguntas, poderiam realizar o movimento de pesquisa em conjunto com suas filhas e seus filhos, e, principalmente, as crianças poderiam pesquisar em casa o assunto que mais estava em pauta naquelas semanas e construir seu processo criativo da maneira como achassem melhor.

Preparei, então, todo o roteiro para a lição de casa, incluí as 20 perguntas que elas e eles fizeram no dia da roda de conversa, organizei um pequeno acervo de fontes de pesquisa, mas deixei claro que podiam utilizar outras. A proposta por completo envolveu a escolha de pesquisar até 10 das 20 perguntas feitas, mas, caso desejassem pesquisar mais, tudo bem. Entreguei, com o roteiro de pesquisa, uma folha A3, que é maior que uma folha sulfite, e disse que poderiam criar a sua apresentação nela, mas que precisariam usar diferentes linguagens.

Conclusão: as crianças ficaram muito felizes com a proposta, trouxeram pesquisas e trabalhos criativos e inteligentes. Algumas fizeram mapas mentais e colagens; outras, desenhos, escrita e mapa mental; outras criaram um tipo de jogo para cada pergunta e adicionaram colagens e desenhos; todas exploraram diferentes linguagens e usaram variadas fontes de pesquisa.

Bonito foi ver a vontade das crianças em concluir a pesquisa, o envolvimento das famílias e as falas que trouxeram na reunião de mães e pais. Claro que fiquei muito contente, porque percebi o quanto essa experiência foi significativa, além de escutar muitos familiares contarem que jamais imaginavam as novas descobertas que haviam feito sobre a Antártica, e comentarem sobre a pergunta mais interessante que acharam: *os pinguins têm joelhos?* Pense bem em como o pinguim anda, refaça a pergunta e, quanto à resposta, fica aqui o convite para você fazer essa lição de casa.

O ALEATÓRIO DA EXISTÊNCIA

Publicado em 1º/04/2020

A impermanência, a incerteza e a coemergência chegaram de uma só vez, em função da pandemia de COVID-19. Como uma mesa de jantar posta para nos sentarmos e nos alimentarmos, nossas novas três *amigas* se apresentaram da noite para o dia. Agora, o que está bem diante dos nossos olhos e dos nossos corpos são essas três novas *parceiras*.

Perguntas como: de que forma serei professora a partir de hoje? Como acreditar no ensino remoto emergencial se as principais ações, como sentir, enxergar, fazer com o outro, o contato humano e a presença me guiam sempre? Como realizar a interação de forma distinta que não com a presença do outro?

Para todas as minhas perguntas e os meus pensamentos soltos, não tenho respostas. Tenho oscilado muito. Ora me empolgo, descubro um aplicativo novo e penso: *nossa, que legal! Acho que esse vai ser bacana para trabalhar com as crianças. Elas vão gostar.* Ora já quero me desconectar de tudo, absolutamente tudo e desistir.

Não acredito no ensino remoto para crianças tão pequenas. Acho insana a presença, agora, ser das telas e não humanas. Tenho realmente dificuldade de aceitar tudo isso, de estar vivendo tudo isso. Mas lutar contra e querer reafirmar minhas opiniões não me levarão adiante. Ou aceito os novos caminhos e, com generosidade, me redescubro neles ou não sei.

Este novo desenho terá de ser feito diariamente. Já está sendo. Com atenção, carinho, afeto e muita paciência. Mas está doendo em mim.

Sempre mencionei que Educação é relação. E essa relação, sempre ficou muito claro para mim, envolve a experiência que transpassa, que afeta, que provoca e que só é possível pela presença de dois ou mais corpos.

De repente, tenho de remodelar meus pensamentos.

Sempre encarei cada turma minha como uma viagem. Eu os olhava, precisava escutá-los, sentar em roda, senti-los, caminhar entre elas e eles, resolver conflitos, me perder com todas e todos, me achar, conhecê-las e conhecê-los, visitar lugares na imaginação, porque as nossas vozes permitiam, tinha o nosso gesto, nosso olhar, o corpo presente.

Não importa quanto tempo isso tudo dure, diante deste aleatório da existência, só desejo calmaria, paz e leveza para transmitir, à distância, o que acredito que só exista presencialmente.

Caminhemos com coragem. É hora de se adaptar. Por elas, por eles, por mim, por nós.

A FORÇA ESTÁ NA VULNERABILIDADE

Publicado em 29/04/2020

Os medos e as dores que tive no início da pandemia de COVID-19 se resumem da forma que apresento a seguir.

A dor da ausência do contato físico com as crianças: senti a dor de não as observar a partir da perspectiva dos sentidos, com a qual trabalho e na qual acredito. Não observar a feição de cada uma e de cada um – como seus corpos reagem, se expressam e se movimentam, as suas falas contínuas e constantes diante dos processos de aprendizagem que acontecem dentro dos espaços da escola – apavorou-me no primeiro momento.

A dor de não ter autonomia sobre a proposta educacional: além de eu, professora, não ser, neste momento, a mediadora da proposta do início ao fim, senti também a dor de não ser a pessoa que vai observar a construção da autonomia da criança. Não ter os meus olhos ali, no processo.

A dor da mudança da atividade laboral presencial para o ambiente virtual: aqui, a dor pegou de uma forma que machucou pra valer. As minhas limitações e o eu com a tecnologia. O fato de eu não acreditar e não defender o ensino remoto emergencial me distanciou de pensar, dentro desse espaço-tempo que estamos vivendo da pandemia de COVID-19, que há possibilidade e que um outro tipo de ganho da aprendizagem venha acontecer.

Esses foram os meus medos, mas eu não sabia nomeá-los... Senti um turbilhão de emoções, todas juntas, e era impossível listá-las na primeira semana de distanciamento social. Só consegui identificar esses medos há exatos seis dias, e já estou no 40º dia do distanciamento.

Foi então que abri espaço para encontrar o meu ego, conversar com ele generosamente e dizer: *ei, você, demasiadamente controlador, perfeccionista e dominador, desculpe. Mas, neste momento, teremos de ordenar as coisas por aqui, pois já não há mais espaço para isso. Estamos em uma situação de pandemia e você não é mais forte, entende? Será preciso uma pandemia para você baixar a sua bola e aprender de vez, a partir de agora?*

Óbvio, chorei horrores. O controle, o perfeccionismo e o dominador ainda estão presentes e fazem parte de mim, mas conversar, reconhecer e sentir com força a dor de reencontrá-los fez perceber, em mim, um possível morrer e um novo nascer.

Espiei a vulnerabilidade no começo da conversa com o meu ego. Olhei para ela em um encontro on-line que tive com as crianças e vi o quanto, pelo interesse delas, a participação acontece, a costura do processo se dá e a curiosidade alimenta o desenho daquilo que estamos aprendendo e compartilhando entre nós. Entreguei e entrego a minha vulnerabilidade neste texto, neste exato momento.

De que forma?

Compartilhando as minhas dores. Você lendo as minhas dores, e tanto você quanto eu percebendo, enfim, que existem emoções e formas de pensar e de fazer que nos distanciam de uma vivência humana mais sábia, mas, ao mesmo tempo, nos dão a chance de ressignificar o nosso modo de ser e de estar neste mundo, com mais amor, abertura e integralidade, mesmo diante de uma pandemia que mata, fere e destrói.

O LUGAR DO NÃO SABER

Publicado em 24/06/2020

Foi na semana passada, na manhã de uma terça-feira e em distanciamento social devido à pandemia de COVID-19, que tive um encontro individual e on-line com uma das minhas crianças da escola onde trabalho. Ela tem 7 anos e está prestes a completar 8.

O objetivo do nosso encontro era tirar dúvidas sobre um determinado assunto, mas comecei perguntando como ela estava se sentindo, se havia dormido bem naquela noite e ela me respondeu o seguinte: *ah! Sei lá, não dormi muito bem. Está tudo tão estranho, né? Presa aqui dentro de casa e só aqui. Ontem eu não conseguia respirar direito no final da tarde.* Ouvindo essas palavras, lembrei-me do lugar no qual estamos inseridos neste momento – me arrisco a dizer que sempre estivemos, mas, nesses tempos, ele se escancara mais –, o lugar do não saber.

Acolhi as falas dela e disse que entendia as sensações e a estranheza que estava sentindo, afinal, estamos em um lugar do não saber. Não sabemos quando vamos poder sair do distanciamento ou do isolamento social, nem quando vamos voltar para a escola. Ela, ouvindo, respirou e disse: *até ontem, sabíamos tudo*. E foi sobre essa afirmação que fiquei pensando horas depois, em casa. Será que sabíamos mesmo de tudo antes dessa pandemia?

A questão é que o lugar do não saber é desafiador. Ele joga com a gente, nos sacode, mexe com toda a certeza de uma estrutura que nos foi apresentada desde que nascemos. Essa estrutura que não sustenta, não comporta, não basta para entendermos e sequer vivermos a real complexidade do viver.

E justamente por isso, quando somos balançadas e balançados pelos motivos de força maior, é que, às vezes, não conseguimos suportar tanta estranheza ou perdemos até o ar. O ensino remoto emergencial, não presencial, me incomodou desde que foi iniciado. Neste lugar em que lidamos tanto com famílias reclamando, crianças desanimando, como com famílias contentes, crianças que aparentam contentamento, com afirmações positivas ou uma avalanche de questionamentos é que entendi e compreendi o lugar do não saber. Por semanas, me debati e esqueci de todas as vezes em que já tinha me deparado com algo que não sabia, em que só o tempo e a aceitação de estar no lugar constante do não saber me ajudaram na caminhada.

As crianças estão cansadas; nós, professoras e professores, e suas famílias também. Mas também penso no quanto não colocamos a estranheza para sentar e conversar. O quanto não debatemos e não investigamos sobre ela.

Somente assim, deparando-se com algo que ainda não sabemos, olhando generosamente para as nossas reações, sensações e emoções, e observando como podemos lidar com as imprevisibilidades do caminho é que, creio eu, conseguimos tornar o lugar do não saber um lugar de redescobrir nossas potências. E é a este lugar, que nos traz uma capacidade luminosa, que temos o direito de chegar.

SERÁ QUE ESTOU INOVANDO?

Publicado em 05/05/2021

Você já se fez essa pergunta? Já se perguntou sobre como oferece as suas aulas? Já bateu aquele papo com você mesma ou com você mesmo e se viu num poço sem fundo, escavando e tentando encontrar a inovação em suas ações como professora ou como professor? Pois bem, eu já e inúmeras vezes. A mais recente procura foi há duas semanas.

Com a chegada da pandemia de COVID-19, a profissão docente se tornou mais desafiadora do que já era e tenho a impressão de que a palavra *inovação*, já amplamente falada, divulgada e que circulava em tantos diálogos e discussões, se tornou, tristemente, um produto de mercado.

Mas quero te trazer não uma solução e nem respostas claras sobre onde encontramos a inovação ou como fazê-la estar do nosso lado, seja nas aulas on-line ou presenciais. O que trago aqui, hoje, é uma reflexão para que possamos olhar para o que estamos fazendo com uma *lupa* que vai diminuir ou aumentar a lente das nossas ações e talvez seja isso do que estamos precisando. Ter uma visão mais clara do que fazemos.

Inúmeros termos e palavras acompanham as definições de inovação na Educação, por exemplo: *maior protagonismo e liberdade dos alunos, empoderamento docente, cooperação, modificação radical dos tempos e espaços escolares, atendimento às necessidades cognitivas, sociais e afetivas de desenvolvimento infantil e dos jovens, transformação das escolas em lugares mais dignos para uma boa relação, lugares mais atrativos para aprendizagem, participação democrática, possibilidade de estabelecer relações entre os distintos saberes para além do conhecimento fragmentado, objetivo de adquirir uma perspectiva mais complexa da realidade*. Esses termos definem bem as ações inovadoras e concordo com cada um deles, mas, ainda assim, te convido a refletir sobre as suas práticas a partir de um viés que está por trás da *cortina* de todos eles.

Se achar por bem, procure perguntar a você mesma ou a você mesmo se as suas ações na *sala de aula remota* ou na *sala de aula presencial* acompanham esses outros três termos que descrevo em seguida, que se conjugam no mesmo tempo e somam fatores imprescindíveis para as nossas ações inovadoras. São eles: aprender a olhar, aprender a conversar e aprender a pensar.

Precisamos educar o olhar para ler o contexto e questioná-lo, aprender a ver, observar, contemplar e visualizar. Precisamos educar o conversar para abrir a mente ao mundo, a outras opiniões e a outros pontos de vista. Eis o exercício da democracia. Aprender a dialogar, com palavras, gestos e olhares. Por fim, precisamos educar o pensar para buscar o porquê das coisas, o sentido daquilo que acontece e do que acontece conosco. Aprender a argumentar. Assim, conseguimos enxergar que há sempre uma dialética entre o que acontece fora e o que acontece dentro de nós.

Penso que questionar a nós mesmas e a nós mesmos, em primeira pessoa, de maneira individual e coletiva, é o começo de tudo e o meio pelo qual passaremos a enxergar quão inovadores já somos ou poderemos ser. É importante termos a clareza de que a inovação é uma sucessão de perguntas, e não de respostas.

E foi assim, resgatando essas falas que já foram tão ouvidas e praticadas por mim, que consegui olhar para o que tenho feito com minha *lupa* e percebi os momentos em que trilho um bom caminho e aqueles em que ainda posso trilhar um caminho ainda melhor.

7

PERCURSOS DIALÓGICOS DE UMA PROFESSORA TRANSFORMADORA

Priscila de Freitas Machado

Meu percurso como professora tem sido materializado por constantes mudanças e, por isso, reconheço: formação é transformação. Minha atuação profissional foi uma escolha determinada, primeiramente, por experiências que marcaram minha vida desde a infância, bem antes de planejar a concretização de como me tornar uma professora. Meus avós, sobretudo minha avó materna, e meus pais sempre tiveram um verdadeiro fascínio pela docência e foi assim que cresci ouvindo que ela era a melhor e mais bonita profissão. Graduei-me em Pedagogia e, posteriormente, em Letras, passei por algumas pós-graduações (quatro, até o momento) e cheguei ao mestrado em Educação: todo esse movimento para me tornar professora. Em toda atividade humana, a transformação é fundamental, e comigo isso tem acontecido progressivamente, por meio de um processo dialógico vivenciado pelos cursos de formação pelos quais tenho passado e pelas ações e reflexões que eles têm me proporcionado na vivência em sala de aula. Destarte, os textos que selecionei para compor este livro estão integrados à minha atuação docente entre 2019 e 2021, e contam experiências próprias que fazem parte dessa minha jornada. Antes de ser uma ideia ousada (afinal, dificilmente alguém tem coragem de se desnudar diante da comunidade da qual faz parte), esse conjunto de textos que escrevi revela, por um lado, minhas fragilidades, incertezas e angústias, enquanto, por outro, registra meu crescimento profissional advindo da persistência, da pertinácia, de noites insones, de esforços além da conta. Acredito que meus textos, ao mesmo tempo em que ensinam e enriquecem a leitora e o leitor do ponto de vista didático, envolvem-nos numa atmosfera que humaniza, ao trazerem sentidos às primeiras experiências profissionais, às incertezas naturais da vida, ao desabrochar do amor pela atividade pedagógica... Enfim, uma experiência riquíssima que, em sala de aula, resulta em grande transformação.

PÉS DESCALÇOS

Publicado em 09/08/2019

Ninguém começa a ser professor numa certa terça-feira às quatro horas da tarde... Ninguém nasce professor ou marcado para ser professor. A gente se forma como educador permanentemente na prática e na reflexão sobre a prática.
(Paulo Freire)

Estou aprendendo a caminhar, descalça. É toda uma nova experiência. Os pés não estão protegidos. Ao contrário, estão naturalmente expostos, o que me ajuda a perceber os desníveis e as nuances da minha profissionalização. Isso nem sempre foi assim, é uma experiência diferente de andar com os pés protegidos. Assim, descalça, escrevo para professoras e professores. Torno-me texto a partir de pés descalços, que contam a história de como, ao longo dos anos, fui jogando fora sapatos que me pareciam cômodos e confortáveis para deixar meus pés abertos ao contato, ao risco, descalços...

O primeiro sapato que calcei, ainda na graduação, era o mais apertado, o da desvalorização... Gritava aos *quatro ventos* que atuaria no ensino fundamental (afinal, minha licenciatura me habilitava para atuar na educação infantil e nos anos iniciais do ensino fundamental), e esse discurso era alimentado pela lógica de que não era viável estudar durante quatro anos para me tornar uma *babá*. Entre os diferentes níveis de escolaridade, a educação infantil aparece como aquele no qual muitas e muitos acreditam não ser possível trabalhar questões pedagógicas. Alguns fatores corroboram isso, como o fato dessa etapa de ensino estar atrelada, na sua origem, às questões relativas somente aos cuidados com a saúde e com a higiene e, consequentemente, não ser necessário se preocupar com a aprendizagem. Nesse entendimento, as crianças pequenas não necessitariam de um trabalho didaticamente organizado, pois ainda não teriam condições de aprender. Um discurso difundido na sociedade e fomentado por muitos colegas de profissão, inclusive eu!

Esse sapato protegia meus pés, tanto no discurso preconceituoso quanto na prática limitada. Depois de atuar durante três anos como auxiliar de sala no ensino fundamental, em turmas de 2º, 3º e 4º anos, recebi meu primeiro convite para assumir uma regência, o sonho de qualquer profissional iniciante, mas que se tornaria um pesadelo em breve... Na semana seguinte, informaram-me que a vaga era para a educação infantil... *Como? Esse sapato não cabe nos meus pés! É pequeno demais!* Mesmo assim, aceitei calçá-lo... Foram semanas de dor e de calos, até que o sapato apertado da educação infantil foi se acomodando em meus pés... Com o tempo, foi ficando confortável e percebi, então, que precisava jogar fora o meu sapato mais confortável. Foi difícil descartá-lo, mas, por sorte, consegui... Leituras, experiências e vivências com as crianças me fizeram perceber que eu não era uma babá, que estava me tornando uma professora pesquisadora. Tive de estudar muito sobre aprendizagem e desenvolvimento de crianças pequenas, sobre pedagogia de projetos, sobre experiências centradas nas crianças, entre outros temas.

Com essa experiência, ganho um novo sapato, com o qual me identifiquei, o de que seria professora de crianças pequenas, mas em etapa pré-escolar, afinal, lá eu podia *ensinar* ainda que fosse um pouquinho... Trabalhei por três anos consecutivos com o pré-escolar e o sapato ficava cada vez mais confortável! Como é bom sentir os pés protegidos, estar em uma zona de conforto! Depois de três anos, ao receber a modulação, minha felicidade estava completa, mais um ano de pré-escola... Nesse momento, surgiu um desafio e ouvi: *você só é uma boa professora porque trabalha com crianças maiores, queria ver dar show limpando bunda de bebê.* Essa frase mexeu comigo completamente, me fez refletir que eu ainda não tinha me libertado do primeiro sapato, e que essa *marca* estava à venda em muitas lojas e sendo comprada por muitas professoras e muitos professores. Fui para casa e não dormi a noite inteira, estava extremamente sensibilizada... Retornei no outro dia decidida a trabalhar na turma do berçário e me livrar definitivamente dos sapatos. Assim fiz! Foi um ano incrível, de estudos, projetos, contato, escuta, sorrisos e toques... Foi o toque que me transformou profundamente, pois percebi que crianças são como o solo, precisam de luz, água e *adubo* para serem produtivas. E aprendi que os sapatos não nos permitem viver experiências de contato profundo com esse *solo*. Entendi que não precisava ensinar crianças, na verdade, devia aprender com elas.

Definitivamente, o melhor de toda essa experiência, ao longo dos meus nove anos de docência, não está nos sapatos que comprei, ganhei ou descartei, está nas possibilidades de poder caminhar sempre descalça!

PARA ALÉM DO CARIMBO

Publicado em 23/08/2019

Uma prática de registro recorrente em instituições de educação infantil são os carimbos feitos com as mãos e os pés das crianças, especialmente em proximidade com algumas datas comemorativas! As mães e os pais ficam encantados com as mais diversas manifestações registradas nos papéis: mãozinhas, pezinhos, gravatinhas, borboletinhas...

Algum problema? Para mães, pais, professoras e professores, nenhum. Para as crianças, todos, afinal, essa prática reducionista pode ser considerada uma tortura para elas! Essa percepção reflexiva do trabalho com o corpo como produtor de marcas não começou *da noite para o dia*, foi preciso ser tocada pelas essências das crianças.

Ainda me recordo de uma certa manhã chuvosa de segunda-feira. A ideia era fazer um móbile de sapo com os pés das crianças da turma do Berçário 2. Assim, enquanto uma professora segurava criança por criança, a outra passava tinta verde nos pés e carimbava-os em um papel, com muito cuidado para não borrar – olha a tortura... Isso era feito independentemente da vontade das crianças. Hoje, sinto vergonha por isso, mas essa era minha perspectiva de trabalho com marcas corporais e ponto. Diferentemente disso, fui aprendendo que, na educação infantil, o corpo deve ser entendido como um importante instrumento de mediação entre a criança e o contexto em que ela vive, como forma de linguagem e de trocas de experiências. Tenho entendido, em minha prática, que o corpo fala, deixa marcas e que esse processo precisa ser respeitado. Mas, naquela manhã chuvosa, eu aprenderia uma outra grande lição com as crianças.

Ao término da atividade, saímos para o almoço e algumas poças de água haviam se formado. Uma das crianças, ao ver uma poça, tirou seu calçado, mergulhou os pés e saiu pisando na calçada. A cada vez que sua marca evaporava, ela repetia o gesto e, quando ela percebeu o que acontecia, convidou os colegas para participar. Naquele momento, um bebê de um ano e oito meses me ensinava a aplicar um método científico. Primeiramente, ele fez uma observação, em seguida, formulou hipóteses, fez o experimento, analisou os resultados e, por fim, divulgou suas descobertas e convidou outros colegas para reproduzir esses resultados.

Depois dessas observações, pude perceber que trabalhar o corpo como produtor de marcas na educação infantil está muito além de realizar atividades com carimbos, e que meu papel, como professora de crianças pequenas, é garantir espaços, tempos e materiais para que elas mesmas construam seus próprios percursos investigativos ao usarem seus corpos de forma autônoma e independente.

CADÊ O BRINQUEDO QUE ESTAVA AQUI?

Publicado em 06/09/2019

Durante o último ano, nas turmas com as quais venho atuando, temos diminuído significativamente o uso de brinquedos *prontos*. Isso não se dá por falta de recursos ou por precarização da educação infantil, pelo contrário, meu objetivo é proporcionar vivências cada vez mais significativas para as crianças a partir do uso de brinquedos não estruturados.

É claro que ainda temos bonecas, carrinhos, panelinhas... Esses brinquedos são essenciais para estimular o jogo simbólico, no entanto, seu uso é limitado. É que temos pensado: o que pode ser uma boneca além do que sua estrutura proporciona? Ela pode até assumir o papel de mãe, filha ou tia na brincadeira, mas o fato é que ela será sempre uma boneca.

Ressalto que essa concepção em relação aos brinquedos não foi entendida *da noite para o dia*. Precisei ser conquistada por ela, pois sempre acreditei que uma boneca ou um carrinho seriam interessantes e suficientes para as crianças brincarem, no entanto, mais uma vez, me enganei e precisei refletir sobre o sentido dessa proposta. A inspiração metodológica para exploração de elementos não estruturados surgiu na minha rede de ensino após uma viagem feita por professoras e professores à Itália, e foi então que o grupo que estava lá pôde perceber, na prática, a importância disso na educação infantil. Para quem não sabe, brinquedos não estruturados são materiais variados (blocos de madeira, elementos da natureza, cones, rolos, objetos de uso cotidiano, caixas, entre outros), que, por meio das intervenções das crianças, podem se transformar numa infinidade de brincadeiras.

Após algumas tentativas de inserção desses brinquedos, percebi que eles podem ser muito atraentes, mas são descartados rapidamente pelas crianças, pois seu potencial criativo é limitado e as respostas previsíveis acabam ficando desinteressantes com o passar do tempo. Sabe aquela história de que a criança gosta mais da caixa que do brinquedo? Então, é aí que entram os brinquedos não estruturados e suas infinitas possibilidades de criação.

Para minha primeira tentativa de inserção de brinquedos não estruturados, fui até uma oficina de construção de móveis planejados e juntei alguns pequenos blocos de madeira. Depois, fui a uma costureira e consegui alguns cones de linhas. Aproveitei a oportunidade para convidar as mães e os pais a colaborarem e trazerem, para a escola, potes vazios e utensílios que não usavam mais... Organizei tudo no pátio do CMEI [Centro Municipal de Educação Infantil] e fui brincar com as crianças. De início, achei que elas realmente não se interessariam, e minha observação ainda era muito tímida... De repente, as crianças começaram a brincar e os objetos ganhavam um sentido diferente à medida que eram manipulados. Durante os primeiros 20 minutos, elas fizeram as mais variadas intervenções e, então, encerramos a brincadeira. Replanejei e reorganizei a atividade, e a repetimos no dia seguinte. Procurei focar nas mesmas crianças para ver qual sentido dariam aos objetos e, para minha surpresa, ele não foi o mesmo. O bloco que, em um dia, era carrinho, no outro, virou telefone. O cone que era binóculo deu vida a um microfone... E, assim, os brinquedos que ali estavam foram dando espaço a outros que as crianças podiam inventar e reinventar. Minha sala, hoje, é habitada por sementes, cestas, caixas, blocos e potes, que, nas mãos das crianças, podem se transformar em qualquer coisa.

PROFESSORA, EU QUERO A MASSINHA ROSA!

Publicado em 20/09/2019

Não há dúvidas de que são inúmeras as possibilidades expressivas oportunizadas para as crianças no dia a dia da educação infantil por meio da modelagem. Muito mais que ocupar o tempo, o trabalho com a modelagem é uma atividade que provoca e mobiliza o pensamento espacial. É por isso que a massinha de modelar está presente em meus planejamentos diariamente (é claro que uso outros materiais, como argila, terra, misturas caseiras, receitas de bolos e docinhos que propiciam a modelagem), mas a massinha é a mais recorrente.

Uma questão sempre me intrigou no momento de manipulação: a escolha da cor. As crianças gostam de escolher com qual cor ou quais cores querem modelar, mas sempre achei difícil agradar a todas e todos, então, na hora de entregar a massinha, já dizia logo: *ninguém vai escolher cor, é a que eu der e pronto!* Sim, já falei isso várias vezes... As preferências e os pedidos circulavam em torno da *bendita* massinha rosa – *professora, eu quero a rosa* – e a minha resposta era a mesma: *ninguém vai escolher cor...*

Só que o que me move como professora *é a pureza da resposta das crianças*. E, quando ouvi de uma delas que *não tem graça brincar se não pode escolher*, durante muitos dias, essa frase *martelou* na minha cabeça. Como resolver essa questão? Na minha sala havia 35 crianças e cada caixa continha 12 massinhas. Jamais conseguiria agradar a todas e a todos com a escolha de cada cor. Foi então que percebi que nunca havia dito isso às crianças e que o diálogo seria o primeiro passo.

Como planejado, faríamos um momento de modelagem livre. Sentei-me com as crianças na rodinha, expliquei que elas poderiam escolher, mas que nem sempre seria possível ter a cor desejada, porque só vinha uma de cada nas caixas. No entanto, disse que, naquele dia, todo mundo podia dizer qual cor ia querer. Um sonoro *rosa* ecoou pela sala. Sim, cumpri minha promessa, abri 35 caixas de massinha e tirei a rosa de cada uma delas: nunca havia visto as crianças tão felizes! Depois desse dia, sempre os deixo escolherem a partir da opção de cores disponível. Caso algum colega já tenha pegado a massinha pretendida, estimulo a negociação para a troca ou para brincarem juntos. Afinal, não se trata apenas da escolha das cores das massinhas, mas de perceber as crianças como seres de direito, que devem ser ouvidas e respeitadas em suas escolhas.

FILAS PRA TUDO?

Publicado em 04/10/2019

Há algum tempo, tenho me observado e feito uma reflexão sobre o sentido de enfileirar as crianças. Embora haja certo convencimento ligado ao fato da função social da fila, percebi que, durante nossos momentos de saída de sala, eu acabava propondo que elas sempre fizessem fila!

Agora, vamos fazer a fila...

... para ir ao parquinho.

... para ir ao refeitório.

... para ir ao banheiro.

... para ir à sala de leitura.

Eu andava em fila com as crianças sem perceber se havia mesmo a necessidade disso. Fazia isso porque, quando cheguei à escola, outras professoras e outros professores já faziam. Fazia e continuei fazendo por um bom tempo....

Certo dia, depois de sair da sala repetidas vezes, andando em fila, ouvi uma criança dizer: *fila de novo?* A partir disso, de fato, comecei a me perguntar: *por que eu utilizava fila para me locomover com as crianças dentro do CMEI* [Centro Municipal de Educação Infantil]*?* O primeiro passo para encontrar uma resposta foi pensar em que lugares as pessoas utilizam fila. Na lotérica, fazem fila para pagar contas; em um restaurante, para servirem sua comida; num parque de diversões, para esperarem a vez de usar um brinquedo; mas, em todas essas situações, o objetivo não era fazer fila para se locomover de um lugar a outro. Para que, então, andar em fila?

Foi dolorido admitir que a verdadeira intenção era criar um estado de ordem, controle e disciplina das crianças, uma vez que sempre defendi práticas que buscassem respeitar o protagonismo infantil. Mais dolorido ainda foi perceber que meu objetivo estava sendo alcançado, pois, na primeira vez que tentei sair de sala com as crianças sem fazer fila, elas não sabiam o que fazer para se deslocar até o espaço. Eu precisava ficar falando: *não precisa fazer fila! Podemos andar sem segurar no ombro do colega! Não precisa andar segurando a camiseta do colega da frente! Vamos apenas andar, de braços e mãos soltas!* Elas demoraram meses para se libertar.

Depois de assumir essa postura, fui apontada, por algumas colegas, como desorganizada. Ressalto que ainda proponho que as crianças se organizem em fila, mas apenas em situações em que isso seja realmente necessário, como para pegar o lanche (mas não para chegar ao refeitório) ou, quando fazemos uma aula com passeio, então há fila para entrarmos e sairmos do ônibus. Mas usar a fila para nos locomover dentro do ambiente seguro do CMEI nunca mais! Chego, hoje, à conclusão de que esse uso excessivo das filas dificultava o sentimento de pertencimento das crianças ao espaço e que eu precisava deixá-las livres para explorarem o ambiente, para circularem com autonomia e estimulá-las a andarem com tranquilidade, a respeitarem o outro, a si mesmas e o seu espaço.

DIÁLOGO SOBRE DESENHOS INFANTIS

Publicado em 18/10/2019

Parece que é automático! É só apresentar para as crianças materiais riscantes e riscadores que o ato de desenhar se inicia na mesma hora! O desenho é uma linguagem que está presente diariamente nas turmas com as quais trabalho ou já trabalhei. Minhas crianças desenham mais de uma vez por dia e em diferentes momentos da rotina. Procuro planejar uma variedade de possibilidades, desenhar coletivamente no momento de entrada, ou depois de uma história, proponho desenhos de interferência, de observação. Sugiro que desenhem em diferentes planos, superfícies e espaços.

A frequência com a qual essa linguagem é trabalhada em minha sala de aula me faz perceber transformações nos traçados, o modo como cada uma ou cada um do grupo desenha, as evoluções individuais. Desde 2016, tenho adotado uma espécie de documentação de evolução dos desenhos de figuras humanas das crianças. Funciona da seguinte forma: mensalmente, proponho que as crianças se desenhem. Disponibilizo diversos riscadores, papel de variados tamanhos e cores, e diferentes situações para a percepção corporal. Às vezes, elas fazem o desenho a partir da observação em um espelho, em outras, a partir de uma foto ou, ainda, de uma brincadeira em que precisem sentir o próprio corpo... Durante o ano, consigo ver os avanços nos traçados das crianças e, ao final, tenho o registro dessa evolução. O melhor de tudo isso é que não é preciso comparar as crianças, pois é notória a evolução de cada uma. Ao observar esse desenvolvimento por meio do desenho, fica perceptível que as conquistas e as habilidades são individuais, nos seus tempos e espaços.

O fato de o desenho ocupar espaço tão intenso no dia a dia das crianças abre um potente campo de investigação sobre essa linguagem. Se queremos que nossas crianças desenhem sempre, é fundamental refletir continuamente sobre esse campo. O que olhar no desenho da criança? O que comentar? Será que os pequenos só rabiscam? Quando vão começar a desenhar?

Mesmo convivendo com crianças desenhando, muitas dúvidas e diversos questionamentos me rodeiam. A única certeza que tenho é que só podemos nos aproximar da produção gráfica infantil se observarmos as crianças ao desenhar, se estudarmos diferentes autoras e autores que pesquisam o assunto, e se cultivarmos o hábito de apreciar arte. Desse modo, podemos estabelecer um diálogo mais próximo com o desenho da criança, por meio de conversas verbais e conversas visuais, fazendo apreciações e propostas que permitirão mergulhar cada vez mais em suas pesquisas gráficas pessoais.

TODO DIA É DIA DE LER!

Publicado em 29/11/2019

Ler envolve mais do que saber ler ou, como diria Quintana (1973, p. 80), "os verdadeiros analfabetos são aqueles que aprenderam a ler e não leem". O desafio de formar leitoras e leitores hábeis e interessados, verdadeiramente apaixonados pelo mundo das letras, começa muito cedo. Reflito sobre as palavras de Quintana no intuito de discutir o quanto ensinar crianças a gostar de ler é uma tarefa mágica.

As experiências literárias nos primeiros anos de vida das crianças dependem das adultas leitoras e dos adultos leitores. Então, por onde começar? Lendo para as crianças todos os dias e em diferentes momentos da rotina. Pequenos textos, poesias, imagens, fotografias, propagandas... Nenhum dia sem leitura, assim, a intimidade e o interesse pela palavra, provocados pela leitura, constituem a *porta de entrada* para a cultura. Em meus planejamentos, esse momento é denominado leitura compartilhada. Entendo que esse é o momento em que compartilho com minhas crianças o meu saber leitor e a minha paixão pela leitura. Desse modo, o contato constante e frequente com os livros vai possibilitando o desenvolvimento de atitudes leitoras das crianças.

Durante a leitura compartilhada, também promovo diálogos participativos. As crianças são oportunizadas a pensar, a se expressarem à sua maneira para que percebam que aquilo que falam tem importância. A leitura compartilhada não é apenas um momento de ouvir, também é momento de falar! Percebo, no decorrer de um ano letivo, o quanto boas conversas e literatura inspiram, ampliam o repertório de palavras e melhoram o raciocínio das crianças.

Entendo que cuidar da qualidade das experiências leitoras das crianças, por meio de vivências de ler, ouvir e narrar histórias, sejam de ficção ou de vida, constitui uma experiência humana fundamental para que elas se sintam parte de um grupo, de uma cultura e tenham identidade própria.

REFERÊNCIA

QUINTANA, Mario. *Caderno H.* Porto Alegre: Globo, 1973. 368 p.

FORMATURA NA EDUCAÇÃO INFANTIL: ROMPENDO COM A TRADIÇÃO

Publicado em 13/12/2019

Embora não seja um tema novo, as formaturas na educação infantil se repetem, entra ano e sai ano, em instituições públicas ou privadas por todo o país, quase como uma tradição.

E por que elas se repetem? Os motivos e as justificativas são diversos: *porque é bonitinho, as famílias querem e cobram, é o final de uma etapa.*

A essa altura do texto consigo *ouvir* das defensoras e dos defensores dessa prática discursos como: *mas qual é o problema?! É significativo para as crianças! Elas ficam tão felizes de vestir aquela beca, de cantar para as mães e para os pais, que estão lá todos cheios de orgulho, e de participar de uma festa tão bonita, cheia de comes e bebes. Tiram fotos com os familiares e ficam com aquela recordação fotográfica por muitos e muitos anos.*

O que posso afirmar, diante disso, é que a formatura pode ser um momento especial, mas também muito maçante. Coloque-se no lugar da criança e se imagine sentada ou sentado por horas! Da única vez em que uma turma minha teve formatura, lembro-me que começou tudo muito bem, mas, dali a pouco, as crianças começaram a se retorcer nas cadeiras, queriam ir ao banheiro, beber água, conversar com os colegas. Em pouco tempo, já havia crianças chorando e, quando o jantar foi servido, várias já haviam dormido...

Então cabe pensar: é pertinente *copiar* as formaturas do ensino médio ou superior, com longas esperas, crianças sentadas e movimentos *controlados*? Além disso, essas festas de formatura são extremamente excludentes, uma vez que, por terem altos custos, muitas crianças, principalmente na rede pública, deixam de participar pelo fato de as famílias não poderem pagar.

Desse modo, minha crítica orbita em questionar o propósito de trazer, para o universo infantil, um evento estritamente do mundo adulto para agradar mães e pais e que, em momento algum, evidencia a cultura infantil. Cabe ressaltar que, ao concluir a primeira etapa da educação básica, a criança não se graduou nem se formou. O que ela fez foi vivenciar inúmeras experiências que a permitiram ampliar seus saberes, construir conhecimentos em diferentes áreas e conviver com crianças, com adultas e adultos fora do âmbito familiar. Até então, tudo o que passou foi só o começo da longa jornada escolar. Um começo muito feliz, a meu ver, uma vez que, atualmente, creches e pré-escolas têm, como orientação, a Base Nacional Comum Curricular (BNCC), que traz, como eixos estruturantes, as brincadeiras e as interações, que considera as particularidades do mundo infantil e que prevê um planejamento coerente com o que sabemos sobre a criança, seus saberes e suas necessidades de aprendizagem.

Preocupada com todos esses pontos até aqui levantados, posso afirmar, com conhecimento de causa, que a educação infantil da rede pública de Palmas-TO, onde resido, tem encontrado, com as crianças e suas famílias, inúmeras alternativas para romper com essa prática excludente e adultocêntrica que é a formatura, ao tornar a transição da educação infantil para o ensino fundamental um momento emocionante, significativo e cheio de sentidos. A exemplo disso, algumas unidades fazem festa do pijama, levam as crianças para um piquenique na escola para a qual serão transferidas, organizam um dia em uma casa de festas infantis, ou fazem passeios a clubes...

Mas eu não poderia deixar de destacar a prática incrível desenvolvida na unidade em que trabalho, pelas professoras, famílias e crianças da pré-escola. Ao longo do ano, foi desenvolvido um projeto em que as crianças praticaram atitudes empreendedoras. Assim, fizeram e venderam *slime*, geladinho, pipoca, cremosinho... Além disso, eram convidadas a trazer moedas, às quintas-feiras, para pouparem em um cofrinho. Ao final do ano, tinham mais de 2.000 reais e, então, elas decidiram *tintim* por *tintim* com o que queriam gastar. Nenhuma criança ficou sem participar por motivos financeiros, afinal, trabalharam juntas. Optaram por fazer uma festa em um clube – muito linda, diga-se de passagem –, alugaram brinquedos infláveis, decidiram o cardápio do almoço, da sobremesa e do lanche. Foi um dia pensado com elas e para elas... Creio que essa experiência jamais será esquecida. Alternativas é o que não faltam para que o centro das celebrações de transição seja sempre as crianças.

AS PAREDES DA SUA SALA PODEM FALAR

Publicado em 14/02/2020

Embalados pelo espírito de organização de início de ano, muitas professoras e muitos professores da educação infantil passam as férias e os finais de semana cortando EVA para garantir uma bela decoração de sala para recepcionar sua nova turma. Muitos desses profissionais acreditam que as crianças vão se sentir atraídas por imagens de fadas, de super-heróis, de joaninhas, de florzinhas e de temáticas diversas. Consideram também que irão agradar as famílias ao deixá-las satisfeitas com o indício, transmitido por essa decoração, de que a instituição tem uma proposta direcionada às crianças.

O problema é que esse tipo de desenho é estereotipado, enjoado, batido e que as paredes superpovoadas de elementos criados pela projeção de adultos fazem com que as crianças sejam entendidas e tratadas como sujeitos-assujeitados, desprovidos de seus rastros identitários, de sua história e de sua cultura. Mas, se não vamos decorar de antemão todas as paredes da escola de educação infantil, quais seriam as alternativas?

A escritora Fanny Abramovich (1990, p. 35), no livro *Quem educa quem?*, dedica um capítulo especial ao visual das escolas, em que entrevista Madalena Freire, que sugere, "quando as crianças, no início do ano, entram na sua sala de aula, as paredes estão totalmente brancas... Não há nada dependurado nelas, não existe nenhum material exposto, apenas o essencial para uma organização mínima: bancos e coisas assim... Então, começamos a habitar esse espaço, sentir o corpo atuando nele".

Após as atividades desenvolvidas pelas crianças em função dos projetos didáticos, Madalena conclui: "e aí, no final do ano, há um céu no teto, todo pintado ou cheio de recortes, mil coisas, e está lá demonstrado, apontado... A sala tem e reflete tudo o que aconteceu durante o ano... Desta relação, que é de vida, é que vai se criando e se habitando esse espaço".

Por acreditar em propostas como essa, no início do ano, tudo o que compõe a decoração da minha sala é um cartaz de boas-vindas. Todas as outras coisas que serão afixadas com o passar do tempo são compostas e criadas com e pelas crianças. O mais curioso disso é que, antes, quando eu só chegava com a *decoração* pronta e a fixava, as crianças rasgavam e tiravam elementos que compunham os cartazes. Depois que passei a construir com elas, os cartazes ficavam fixados por meses. Atribuo esse avanço ao simples fato de esse tipo de proposta aumentar a autoestima e a percepção de pertencimento ao favorecer a participação coletiva. A presença de produções das crianças nas paredes da sala corrobora a construção de um ambiente alfabetizador, faz da instituição de educação infantil um tempo de aprendizados, de socialização, de vivências culturais, de investimento na autonomia, de desafios, de prazer e de alegria, enfim, do desenvolvimento do ser humano em todas as suas dimensões. Assim, as paredes da sala podem falar muito sobre a percepção de Educação, de infância e da proposta educativa, tanto da instituição quanto da professora e do professor.

REFERÊNCIA

ABRAMOVICH, Fanny. *Quem educa quem?* São Paulo: Summus, 1990. 174 p.

É TEMPO DE CUIDADO

Publicado em 27/03/2020

A palavra *cuidar* possui várias acepções que nos permitem revisitar seu significado, principalmente, quando falamos do cuidado destinado às crianças em instituições educativas. As crianças, além de serem cuidadas, precisam aprender a cuidar de si, do outro e do ambiente, e isso se inicia na primeira infância, de forma concomitante com a aprendizagem dos costumes, dos hábitos, dos valores, das regras e dos conhecimentos culturais. As adultas e os adultos são os responsáveis por ajudar as crianças a construir conhecimentos necessários para uma vida sadia. Isso pode ser feito por meio dos atos cotidianos que praticamos e da ação pedagógica que planejamos.

Uma prática adotada como atividade permanente em meus planejamentos, e acredito que de muitas outras professoras da educação infantil, o ato de lavar as mãos tem ganhado notoriedade, principalmente pela pandemia de COVID-19. Não é de agora que fazemos rodas de conversa, brincadeiras simbólicas e, é claro, lavamos as mãos, principalmente após as brincadeiras e antes das refeições. Afinal, também não é de hoje que a Organização Mundial de Saúde (OMS) orienta que lavar as mãos reduz em até 40% as chances de as crianças contraírem doenças.

Sempre alimentei o discurso de que se aprende a fazer fazendo e, com o ato de lavar as mãos, não é diferente: aprende-se a lavar as mãos lavando, diante de uma necessidade real. Ao planejar experiências culinárias com as crianças, ao retornar do parquinho de areia para a sala de referência e antes de ir para o refeitório, sempre planejamos a lavagem das mãos. Além das demandas coletivas, habitualmente faço questão de manter sabão líquido e álcool em gel disponíveis para as crianças a fim de atender às demandas individuais, como as saídas para irem ao banheiro.

Sempre achei inadequado fazer exercícios de simulação ou pedir às crianças que pintem desenhos sobre o tema longe da água e do sabão. Quando as crianças podem fazê-lo no cotidiano, nas situações reais, aprendem com facilidade e aproveitam para se divertir enquanto lavam as mãos. Assim, usar o sabão líquido, esfregar e enxaguar constituem-se atividades importantes de autocuidado que devem ser ensinadas e oferecidas às crianças desde muito cedo. Diante do cenário pandêmico que enfrentamos, precisamos garantir ainda mais essa experiência e a constituição dela como hábito dentro e fora da escola, uma importante demanda da educação infantil de cuidar, cuidar-se, ser cuidada ou cuidado.

EDUCAÇÃO INFANTIL EM TEMPOS DE DISTANCIAMENTO SOCIAL

Publicado em 24/04/2020

Neste momento de emergência e calamidade, provocado pela pandemia de COVID-19, minha angústia só aumenta ao me deparar com encaminhamentos equivocados que retrocedem os conceitos orientadores para a educação infantil. Um desses conceitos incide na prática pedagógica, que deve se dar pelas interações e brincadeiras, e outro está ligado à institucionalização da educação infantil em espaço não doméstico.

No que diz respeito ao primeiro conceito, tenho percebido que as crianças estão mais expostas às telas (TVs, *tablets*, computadores e *smartphones*), e não é nenhuma novidade que a Sociedade Brasileira de Pediatria orienta e recomenda que esse tempo de exposição deva ser de até uma hora, até os 2 anos; e de até duas horas, entre 2 e 5 anos. Antes disso, é tempo zero.

Assim, teço uma crítica à oferta de ensino remoto emergencial para a educação infantil, na qual a criança fica exposta, durante certo tempo, e inerte enquanto ouve aulas com uma lógica e dimensão conteudista, que não se aplicam a essa etapa e que não geram, em momento algum, interação ou brincadeira. O fato é que a educação infantil não pode desaparecer, mas também não pode e nem deve ficar inventando *conteúdo*. Na condição de professora, solidarizo-me com os diversos profissionais que, para manterem seus empregos, têm de se submeter a essas situações – não bastasse o medo da doença e/ou de perder o emprego, ainda existe a pressão psicológica de produzir conteúdo.

Outro fator que me intriga é a tendência dos órgãos que regulam as instituições escolares a transformar as mães e os pais em pedagogas e pedagogos. Este não é o momento de transferir a elas e eles o fazer pedagógico. Agora, é necessário tentar melhorar a relação entre famílias e escolas que, em muitos momentos, se dá de maneira antagônica. Cabe a nós, professoras e professores, ajudarmos as famílias a entenderem o que é a experiência escolar na educação infantil e orientá-las a produzirem espaços de produção simbólica para que as crianças continuem tendo seu direito de brincar garantido.

Sabendo que nosso país é muito desigual, é necessário pensar, dentro de nossas realidades, como fazer essas orientações chegarem a todas e todos, uma vez que muitas mães e muitos pais não conhecem conceitos pedagógicos ou nem mesmo sabem ler. A emergência agora é ter o que comer, afinal, muitas de nossas crianças só têm a escola como espaço em que as refeições são garantidas e, embora isso desemboque no assistencialismo, nessa situação de pandemia, trata-se de uma questão prioritária. Precisamos nos unir, embora distantes, e em prol de um bem maior que são as crianças.

HÁ ALGUM APRENDIZADO NESSE TEMPO EM CASA?

Publicado em 22/05/2020

Em meio aos desafios da pandemia de COVID-19, que estamos vivendo coletivamente, o distanciamento e o isolamento social se tornaram alternativas para evitar o contágio. E agora? O que vamos fazer com nossas crianças da educação infantil? Como lecionaremos? Como serão feitas as atividades individuais e coletivas? Como trabalharemos as brincadeiras e as interações, conforme a Base Nacional Comum Curricular (BNCC) recomenda? Como utilizaremos jogos no ensino remoto emergencial para crianças tão pequenas? Como vamos estimular a interação em tempo real?

Insisto na ideia de que toda experiência proposta para as crianças deva incluir elementos da linguagem oral e escrita, isto é, embora não seja objetivo da educação infantil alfabetizar as crianças, trabalho sempre com propostas variadas que incidem em práticas de letramento, que vão dando subsídios para que as crianças percebam a função social da escrita.

Assim, por exemplo, há uma série de atividades rotineiras que pratico para que essa familiarização ocorra. Em todas as aulas, dispomos de listas, registro escrito da rotina, manuseio de livros, leitura do cardápio e de bilhetes, calendários, identificação e rotulação de desenhos e fotos (que ajudam as crianças a distinguir desenho de escrita). Essa presença do escrito não é forçada e nem artificial.

Ocorre que, muitas vezes, já me queixei de que, nas casas das minhas crianças, não se lia e minha forma de tentar compensar isso era usar maciçamente a linguagem escrita em toda sua importância – instrumento de aprendizagem, veículo de informação, fonte de prazer etc. – e evitar associar a linguagem escrita à atividade escolar sem significação social, repetitiva, sem justificação, arbitrária, chata ou alheia às suas necessidades. Mas o fato é que, com a pandemia de COVID-19, todas as crianças estão em casa e temo tomarem aversão à leitura e à escrita, caso seja essa a atitude da família: usar leitura e escrita apenas com cunho de escolarização.

Tenho recebido muitas mensagens de famílias me pedindo ideias do que fazer em casa com as crianças. A primeira que dou é: deixem elas serem crianças e brincarem tanto quanto queiram. A segunda diz respeito à função social da escrita e desse temor que tenho dela ganhar caráter de escolarização em casa. Diante disso, digo a elas e eles que leiam com as crianças, que as estimulem a desenhar, a fazer tentativas de escrita (e que está tudo bem se elas só riscarem, afinal, isso é importante para irem afinando o traçado). Sugiro que, ao saírem para ir ao supermercado, chamem as crianças para ajudar a escrever a lista de compras, ou fazerem etiquetas com nomes dos móveis, leituras de rótulos e embalagens, folhear revistas e jornais. Também recomendo que sejam chamadas para verem a escrita de um e-mail, de uma mensagem de rede social, de uma carta ou de um bilhete para uma amiga, um amigo ou familiar. Enfim, lembro que é possível incorporar todo material escrito que se dispõe em casa.

Ao restituir, dentro de casa, a língua escrita ao seu caráter de objeto social, estaremos (famílias e escolas) estimulando, nas crianças, atitudes de curiosidade e de coragem diante da língua escrita, ajudando-as a descobrir a importância da leitura em sociedade, o que, consequentemente, poderá levar ao ato de ler e escrever, pois o sentido vem dado pelas necessidades e pelas funções sociais.

TAREFA OU EXPERIÊNCIA?

Publicado em 05/06/2020

Desde que se iniciou o distanciamento e o isolamento social provocados pela pandemia de COVID-19 e, consequentemente, a suspensão das aulas presenciais nas escolas, tenho me preocupado com a educação infantil. A esse respeito, algo que observo pontualmente é a maneira como estamos regredindo em relação às atividades que encaminhamos para as crianças. Pergunto-lhes: o que estamos propondo é significativo para elas? Elas vivem *experiências* ou executam *tarefas*?

É preciso ter cuidado quando o assunto é tarefa, afinal, elas podem ser desanimadoras e estressantes, estereotipadas e com comandos mecânicos. O ideal é que, ao planejar as propostas para as crianças fazerem em casa e com suas famílias, façamo-nos perguntas pautadas nos direitos de aprendizagem para que possamos refletir criticamente de modo a ponderar se, com essas atividades, as crianças estão convivendo, brincando, participando, explorando, se expressando, se conhecendo.

Se a resposta for *não* para todas essas questões, é provável que estejamos regredindo, e muito, afinal, esses direitos precisam ser assegurados!

A educação infantil tem um papel fundamental no desenvolvimento da criança, com brincadeiras e interações, assim, ao invés de encaminhar um desenho pronto para colorir, podemos propor um desenho livre, um dirigido (com autoria), de observação ou de interferência. Ao invés de encaminhar letras para circular, pintar e cobrir, que nós, professoras, encaminhemos a ficha dos nomes para que as crianças façam tentativas de escrita deles, ou uma atividade de etiquetar todos os móveis com as letras iniciais de seus nomes e, depois, que possamos recomendar que elas tentem fazer a letra livremente. Parece válido, nesse momento, que estimulemos as famílias a fazerem fichas com nomes de todas e todos os que moram na casa e possam ir observando como esses nomes são escritos de maneira diferentes... Mas e se as crianças só riscarem? Isso é ótimo, porque elas precisam riscar muito para poderem compor seu repertório gráfico e, então, chegar à escrita.

Ao invés de mandarmos fileiras de pontilhados retos ou curvos para as crianças cobrirem, podemos sugerir o uso de tesoura ou, mesmo, propor um percurso com obstáculos. Ao invés de enviarmos um vídeo para que as crianças assistam e sejam somente espectadoras, podemos propor que as famílias organizem espaços para que elas brinquem com elementos da natureza ou com brinquedos de jogo simbólico.

O fato é que, mesmo dentro de casa, há um mundo inteiro a ser descoberto pelas crianças. São cores, formas, situações, sentimentos, a si mesmas, ao outro. Mesmo de maneira remota, é papel da professora e do professor estimular a curiosidade e a exploração para que esse mundo se amplie e, a partir dele, as crianças possam se desenvolver. E é por isso que podem encaminhar, às suas famílias, propostas que favoreçam esse processo e garantam que as crianças o explorem com todo o seu potencial, afinal, como afirma o professor criancista Altino José Martins Filho (2020, p. 102), "a experiência de uma criança não cabe em uma folha de A4".

REFERÊNCIA

MARTINS FILHO, Altino José. *Minúcias da vida cotidiana no fazer-fazendo da docência na educação infantil*. Florianópolis: Editora Insular, 2020. 305 p.

O QUE AS CRIANÇAS TÊM NOS DITO?

Publicado em 03/07/2020

Tenho percebido, nos últimos meses, nossa eufórica discussão, de professoras, professores e equipes escolares em geral, sobre o retorno das aulas presenciais para as crianças na educação infantil após o final da pandemia de COVID-19. É certo que nós somos os profissionais e temos de ler, pensar, falar, discutir sobre o assunto, afinal, nossa intencionalidade é indispensável, mas o que temos ouvido das crianças nesse momento? O que elas têm nos dito sobre um provável retorno? Não somos nós as defensoras e os defensores de uma pedagogia da escuta?

A pedagogia da escuta é reconhecida mundialmente e tem sua origem cunhada por Loris Malaguzzi, da Régio Emilia, na Itália, precursor de um ideário de *cem linguagens das crianças*. Esse educador criou um princípio de ensino que valoriza o processo educativo cultural, cujo objetivo é fazer com que as crianças compartilhem seus conhecimentos e saberes, sua criatividade e imaginação, por meio de múltiplas linguagens: canto, dança, desenho, interpretação e pintura. Nessa perspectiva, a escuta sensível, antes de qualquer coisa, apoia-se na empatia. O escutar pode ser definido como a sensibilidade de estar atento ao que é dito e não dito, ao que é expresso não só por meio de palavras, mas de gestos, ações e emoções.

Neste contexto de escuta, cabe a nós ouvirmos as crianças sobre o que elas têm achado desse tempo em que estão com suas famílias. É certo que, para muitas, esse retorno será uma retirada do colo da família, enquanto, para outras, será sua libertação de espaços de violência. Pensar em contextos como esses, a partir da perspectiva das crianças, nos ajudará a garantir um retorno acolhedor e que respeite as várias infâncias vivenciadas durante esse período de distanciamento e isolamento social.

REFERÊNCIA

MALAGUZZI, Loris. História, ideias e filosofia básica. *In*: EDWARDS, Carolyn; GANDINI, Lella; FORMAN, George (org.). *As cem linguagens da criança*: a abordagem de Reggio Emilia na Educação da primeira infância. Porto Alegre: Artmed, 1999, p. 59-104.

CRIANÇA TAMBÉM FAZ ARTE

Publicado em 09/09/2020

Assim como nós, as crianças estão imersas em um mundo de imagens e sons. Das inúmeras formas do ser humano se expressar, a arte, em suas mais variadas manifestações (artes visuais, música, dança, teatro etc.), é uma linguagem privilegiada para a constituição estética das crianças.

Por isso, é importante lembrar que, mesmo com o ensino remoto emergencial, as instituições de educação infantil podem possibilitar que as crianças se apropriem dos mais variados recursos expressivos da humanidade e planejar contextos favoráveis à elaboração de conhecimentos sobre essas linguagens.

Isso me faz recordar de um dia, meses antes do início da pandemia de COVID-19 e da necessidade de as aulas presenciais serem interrompidas, em que forrei todo o pátio da escola onde trabalho com papel pardo e organizei esteticamente um ambiente convidativo para as crianças, com pincéis, esponjas, rolos, marcadores, tintas de cores variadas... Ao fundo, tocava Mozart. Foram exatamente 40 minutos em que pude observar que as crianças também produzem arte e cultura, pois mergulharam literalmente nesse espaço, e dançavam e pintavam... Em pé, deitadas, de joelho, cada uma ao seu modo.

Percebi que a constituição de recursos expressivos tem um importante papel ao apoiar as crianças em leituras diversas na experimentação de sensações, texturas, cores, ao mesmo tempo em que mobiliza o desenvolvimento de diferentes aprendizagens. E entendi que, na verdade, as crianças têm a arte dentro de si, elas criam arte, elas nos dizem algo. Para as crianças, existe uma conexão direta entre vida e obra, que são, para elas, inseparáveis, pois enquanto criam, desenham, cantam, dançam ou representam uma cena são livres para expressar suas ideias e seus sentimentos.

No momento atual, em que ainda atuamos por meio do ensino remoto emergencial, é importante estimular a sensibilidade nas crianças. Para isso, é fundamental que nós, professoras e professores, planejemos experiências que exercitem a liberdade da criança de criar, errar e testar. Fica o convite!

8

REFLEXÕES DE UM JOVEM PROFESSOR

Túlio Romualdo Magalhães

A Educação sempre representou uma parte muito importante da minha vida. Como estudante, a possibilidade permanente de descobrir o mundo e construir novos conhecimentos me fascina. Como professor, a constante movência em direção ao aprimoramento das relações de ensino-aprendizagem me edifica e me transforma. Dessa forma, a Educação é uma base estruturante de como me percebo e me coloco na vida. Por isso, enveredei-me, primeiramente, pelos caminhos das Letras, ao cursar uma licenciatura em Língua Portuguesa. Nesse período, construí e desenvolvi um amor profundo pelo universo literário, bem como fui, aos poucos, elaborando minha identidade docente, uma constante busca, na verdade. Como não sei muito bem abandonar os bancos escolares, já com a carreira docente iniciada, cursei, logo após a graduação, uma especialização em Ensino de Língua Portuguesa na Educação Básica. Atualmente, sou mestrando em Estudos Literários. Neste contexto, os textos selecionados para compor um capítulo deste livro nada mais são que reflexões de um jovem professor. Ora com anedotas do passado ora com relatos cotidianos, em síntese, as letras revelam a inquietude que me persegue como professor do ensino médio, as construções e desconstruções individuais e coletivas que cruzam minha caminhada na Educação e, também, a luta e a esperança como ingredientes fundamentais na travessia da docência. Assim, os assuntos abordados nos textos nasceram de diferentes formas, mas sempre buscam refletir caminhos possíveis para que a escola seja mais acolhedora e transformadora para aquelas e aqueles que nela estão: principalmente estudantes, professoras e professores. O desejo quase utópico de que a Educação brasileira seja integralmente pública, gratuita e de qualidade permanece em mim como se eu ainda fosse um calouro na graduação, mas as experiências me apontam quais caminhos devo seguir a fim de colaborar para o alcance desse objetivo. Sigo ao lado daquelas e daqueles que sonham e lutam comigo.

AS DIVERSIDADES NA ESCOLA

Publicado em 07/08/2019

Recentemente, participei de uma conversa com colegas, professoras e professores no instituto federal onde estudo, em que o assunto principal girou em torno das diversidades. Debatíamos como, em um período tão curto, nós, como sociedade brasileira, tratamos de maneira tão diferente as diversidades de gênero, sexual, de raça, de deficiências físicas e mentais, de culturas, de classes sociais etc. Naturalmente, na escola, isso também aconteceu. Se fizermos um recorte e pensarmos nos últimos 10 anos pelo menos, claramente, iremos nos deparar com discursos muito transformados com relação a esses temas, não é?!

Em certa altura de nossa conversa, fiquei me lembrando de algumas situações vivenciadas durante o meu ensino médio, cursado entre 2012 e 2014, que tinham muito a ver com o tema de nosso bate-papo. Nessa época, lembro-me de uma grande quantidade de estudantes no instituto que demonstravam comportamentos preconceituosos, o que dificultava a convivência e trazia conflitos frequentemente.

Hoje, como ainda frequento esse espaço, sempre caminho pelo *campus* e, inevitavelmente, fico comparando os estudantes que lá estudam com aqueles que comigo estudaram há um tempo. Embora estejamos em um contexto político e social marcado pelas intolerâncias e agressividades diárias, fico feliz em perceber que as novas gerações lidam muito melhor com as diversidades presentes no dia a dia escolar.

Depois daquela conversa, quando já havia chegado em casa, fiquei refletindo solitariamente sobre meus posicionamentos perante as diversidades. Se, outrora, como estudante, eu já conseguia perceber que a escola estava carregada de preconceitos e buscava lutar contra eles, agora, como professor, acredito se fazer tanto necessária quanto urgente a proposição de diálogos no espaço escolar que analisem e discutam as diversidades e os preconceitos do cotidiano. A tarefa transformadora de discutir esses assuntos pode ser delicada, desconfortável, difícil e desafiadora, mas, certamente, inescapável. Os frutos que colhemos quando ajudamos nossas alunas e nossos alunos na compreensão das várias diversidades faz valer a pena cada minuto do processo.

COMO VOCÊ ESTÁ?

Publicado em 04/05/2019

Você conhece a expressão *24/7*? Não sei mais precisar em que lugar aprendi esse termo, mas me parece que ele surgiu no inglês e o incorporamos à língua portuguesa. O seu sentido tem a ver com a relação que estabelecemos entre o *tempo* e as *atividades* de nosso cotidiano. A título de exemplificação, imaginemos o uso que fazemos da internet: entramos em nossas redes sociais, enviamos e recebemos e-mails, assistimos a vídeos, ouvimos música, compramos e vendemos produtos, lemos notícias etc. Até quando estamos dormindo, uma notificação aparece e anuncia a chegada de uma mensagem, o aniversário de uma amiga ou de um amigo, a sugestão de um vídeo... Portanto, podemos dizer que estamos conectados *24/7* – 24 horas por dia e sete dias por semana –, isto é, o tempo todo.

Quando me apresentaram essa expressão, lembrei-me do quanto vivemos na correria, *sem respirar*, atropelados pelo tempo e por nossas inacabáveis tarefas do dia a dia. Acredito que, dentro do ambiente escolar, não seja diferente. É um sem fim de aulas para planejar e ministrar, reuniões para participar, responsáveis com quem conversar, alunas e alunos para aconselhar, conteúdos para ensinar, trabalhos para corrigir, notas para lançar, projetos para executar... Ufa! Você já teve essa sensação? É como se nossa cabeça nunca parasse de planejar, nunca tivesse um tempo para descansar.

Dentro desse agitado contexto, na graduação, eu já me preocupava com o alto nível de estresse em que me encontrava, sempre com prazos e mais prazos a cumprir, e, depois que me formei, as responsabilidades e as demandas da profissão me trouxeram ainda mais afazeres. Nas conversas entre amigas e amigos, costumamos achar até graça de nossas próprias reclamações, que são sempre as mesmas e se dão em grande quantidade, mas, ao mesmo tempo, sinto que o compartilhamento de situações tão semelhantes e difíceis parece encontrar um certo conforto umas nas outras.

Vivendo como vivemos, acredito, cada vez mais, na necessidade e na urgência de buscarmos caminhos (individuais e coletivos) que nos devolvam a calma, a paz e a tranquilidade necessárias ao desenvolvimento saudável de nossa dimensão pessoal e de nosso trabalho. Caminhos que nos possibilitem enxergar para além dessa experiência digital tóxica que temos visto, com tanto rancor, intolerância e desrespeito. Caminhos, pois, que alimentem nossa esperança de um amanhã melhor e nos encorajem a lutar todos os dias para que nos aproximemos mais dele.

UTOPIA, CADA UM TEM A SUA

Publicado em 18/09/2019

A escola em que trabalho é privada e oferece pacotes de cursos que ensinam línguas, como inglês e espanhol. As turmas são formadas com base em dois aspectos: idade e nível de conhecimento naquela língua que se pretende aprender ou se aperfeiçoar (aferido por uma prova de nivelamento). Há turmas para crianças, adolescentes, jovens, adultas e adultos, quase sempre com uma média de seis ou sete estudantes por turma.

Não precisamos ir muito longe para observarmos que esse contexto possui diferenças abismais quando comparado aos ensinos públicos estadual e municipal. Podemos pensar em tamanho das turmas, contexto familiar dos estudantes (acompanhamento das mães e dos pais, condição financeira e nível de escolaridade), condições de trabalho das professoras e dos professores, infraestrutura da escola, livros disponíveis para as aulas etc., e nunca terminaríamos de fazer essa lista.

Fatalmente, cada um dos contextos escolares supracitados (público e privado) vem carregado de prós e contras sob vários ângulos, embora, aqui, não seja minha proposta ou o lugar para discuti-los. O que quero salientar tem a ver com a relação entre estudante e professora ou professor, com os processos de ensino-aprendizagem, com o fazer didático da escola, com nosso cotidiano.

Percebo que, vivendo atropelados como vivemos, muitas vezes, transformamos a escola, como um espelho de nossas vidas, em mais um espaço em que não damos tempo uns aos outros, em que não afetamos e não nos deixamos afetar, não conversamos de verdade, não capturamos nosso presente e só buscamos um amanhã, que, por sua vez, talvez nem seja tão promissor. Entende o que digo?

Nas turmas pequenas em que trabalho, com faixa etária média entre 11 e 14 anos, tenho tentado contar e ouvir histórias, olhar no fundo dos olhos de cada estudante, transformar nossos encontros, motivados pelo conhecimento, também em momentos de prazer, de troca. Há dias em que conseguimos e há dias que nem tanto, mas organizar cada aula com tudo isso em mente tem me transformado em um profissional que acredito ser, de fato, um professor. Meu desejo mais sincero e utópico é não me afastar dessa reflexão quando eu me tornar um professor que leciona para várias turmas de 40 alunos, por mais que nossa engrenagem escolar e social venha nos forçando a fazer o contrário.

RESILIÊNCIA

Publicado em 02/10/2019

Como professoras e professores, sabemos que o cotidiano escolar é muito dinâmico, o que demanda flexibilidade. Podemos pensar em várias situações. Imagine, por exemplo, uma professora ou um professor que ministre aulas para duas turmas de 6º ano. Naturalmente, por uma questão de tempo e trabalho, essa professora ou esse professor utilizará um mesmo plano de aula nas duas classes, ou seja, repetirá um mesmo conteúdo. Nesse contexto, destaco uma questão interessante: embora o planejamento de aula seja o mesmo, é impressionante o quão diferentes essas aulas podem se dar, o que causa a sensação, inclusive, de que estão sendo ministrados conteúdos completamente diferentes, ainda que a professora ou o professor utilize os mesmos materiais e as mesmas explicações.

Às vezes, uma aluna ou um aluno faz uma pergunta que direciona o resto da aula. Outras tantas, um estudante traz um exemplo que orienta toda a discussão. Embora as variáveis de um contexto de sala de aula sejam muitas, tenho acreditado que a explicação para essa situação seja justamente o centro do processo de ensino-aprendizagem: as relações entre os sujeitos que dele participam.

Por mais que planejemos uma aula, acredito que é no *instante do agora* que as construções se dão. O material preparado serve, de fato, como apoio, mas cada momento de interação entre os sujeitos traz sua importância, o que possibilita o surgimento de questões diversas e ricas, que só vêm à tona porque nos permitimos ensinar e aprender uns com os outros.

Olhe só do que estou falando: no primeiro semestre deste ano, lecionei Inglês para crianças entre 6 e 10 anos de idade. Essas aulas eram sempre baseadas no livro que cada aluna e cada aluno compravam no início do semestre, que se divide em lições e traz atividades com estruturas bem semelhantes entre si. O que muda é somente o tema de uma lição para outra. Essas atividades costumavam ser lúdicas, com exercícios que convidam as crianças a colorirem palavras, números e figuras. Nesse contexto, eu sentia que toda aula era parecida e que não havia novidades, até que, certo dia, estávamos colorindo um personagem e uma criança me pediu o lápis *cor de pele*, fazendo referência a uma tonalidade rosa bem clara. Naquele instante, nossa aula caminhou por um caminho completamente inesperado por mim: conversei com eles sobre a *cor de pele* ser, na verdade, várias cores, já que nossas peles são, também, de vários tons. Então, comparamos nossos tons de pele, que, naturalmente, eram diferentes uns dos outros.

Naquela aula, mais uma vez, percebi que o conhecimento é construção e se dá na interação. Sigo firme acreditando, cada vez mais, que o processo de ensino-aprendizagem se dá, sobretudo, nas relações entre os sujeitos que dele participam e requer de nós, professoras e professores, muita resiliência.

LEITURA

Publicado em 16/10/2019

Nos tempos em que vivemos, em que *fake news* são espalhadas e cada informação é manipulada, muitas vezes, de forma maldosa, a leitura se potencializa em uma grande dubiedade: ela é o problema e a solução. Problema, quando é feita de maneira apressada, ingênua e superficial. Solução, quando é feita de maneira crítica, questionadora e desconfiada.

Nesse contexto, a escola tem sido apontada como a principal responsável pelo desenvolvimento de práticas de leitura e pela formação de leitoras e leitores. As professoras e os professores, de maneira geral, reclamam da falta de interesse e habilidade na leitura de suas alunas e de seus alunos. Eu, como professor de Português, sempre me inquieto a pesquisar caminhos que promovam práticas de ensino que desenvolvam, realmente, a leitura.

Acontece que, agora mais do que nunca, porque somos e estamos no presente, o que nos oferece a possibilidade de ação, a leitura não pode ser restrita aos muros de uma escola. Como sabiamente dizia Paulo Freire (1991, p. 7), "a leitura da palavra é sempre precedida da leitura de mundo", o que, a meu ver, expande nosso entendimento sobre a leitura e intima, para além da escola, as famílias e a sociedade a assumirem também uma responsabilidade na formação de novas leitoras e novos leitores, sobretudo aquelas e aqueles mais jovens.

Se entendemos e olhamos para a leitura como um ato civilizador, capaz de transformar culturas e promover valores como respeito, educação e tolerância, faz-se urgente que todas e todos nós reflitamos sobre *o que é ler, qual a importância do ato de ler* e *o que se espera de uma leitora e de um leitor.* Como professor e cidadão, não tenho a arrogância de me fazer tais perguntas para buscar alcançar conclusões ou fechar questões, mas pensar nelas me põe interrogações, me *tira o chão*, não me deixa em paz. Sentir tudo isso pode ser (e é) desconfortável, mas me parece ser uma *dor necessária* a uma revolução leitora, que nos desloque desse lugar asqueroso e imundo que tem reduzido a leitura às notícias diárias sobre violência e escândalos políticos, para que, enfim, recuperemos o prazer e a sede de buscar, nos livros, conhecimentos e mundos que nos atravessem, nos afetem e nos transformem.

Não por acaso, a história nos mostra que livros foram (e são!) queimados, recolhidos e censurados durante governos autoritários, como bem discute a professora, historiadora e antropóloga Lília Schwarcz, em seu vídeo *Não vai ter censura*. Acredito que, para além da indispensável decodificação da palavra, precisamos entender a leitura como ato político, em que os direitos à estética, à informação de qualidade e ao conhecimento crítico não sejam privilégio de algumas e alguns, mas apropriação de todas e todos.

REFERÊNCIAS

FREIRE, Paulo. *A importância do ato de ler*: em três artigos que se completam. São Paulo: Cortez Editora & Autores Associados, 1991. 80 p.

SCHWARCZ, Lília. *Não vai ter censura.* Lili Schwarcz, 2020. Disponível em: https://www.youtube.com/watch?v=NIScn4fSQCo. Acesso em: 3 out. 2019.

POR QUE VOCÊ SE TORNOU PROFESSORA OU PROFESSOR?

Publicado em 30/10/2019

Por que você se tornou professor? Sempre me interrogavam as veteranas e os veteranos quando eu entrava na sala das professoras e dos professores durante o intervalo das aulas nas escolas em que estagiei. Agora, que já sou formado e trabalho lecionando Língua Portuguesa para quatro turmas de 2º ano do ensino médio na rede estadual, ainda me indagam isso. Tanto lá como cá, as tentativas de produzir uma resposta para a recorrente questão sempre me intrigaram e me deixaram reflexivo.

Olhando para a maioria dos meus estudantes, percebo, neles, sentimentos comuns com relação à escola: a urgência em se livrar de cada turno escolar ou de cada ano letivo. Diferentemente deles, recordo-me de minha longa trajetória discente com outros sentimentos dentro do peito. Aos três anos, eu já estava na escola, naquilo que chamávamos de pré-primário. A partir daí, cursei todo o ensino fundamental na mesma escola, até a formatura do 9º ano. Lá, uma escola de distrito, no interior do interior, tínhamos um clima aconchegante, quase familiar, típico de lugar pequeno, sabe?! Era um espaço, para mim, de aprendizado e prazer, onde todas e todos se conheciam e participavam praticamente das mesmas atividades em comunidade.

Uma vez, não me lembro onde, escutei uma frase que me tocou muito: *torna-se professora ou professor aquele que não soube abandonar a escola!* Talvez seja realmente isso... As memórias do ambiente escolar, para mim, são, sobretudo, memórias afetivas. Lembrá-las significa pensar nas coisas que aprendi, nas professoras e nos professores que conheci, nas amigas e nos amigos que fiz, na pessoa que me tornei. Tenho sensações nostálgicas sempre que falo disso, pois, em tempos de relações tão tensas noticiadas nas escolas, tenho vontade de apresentar, para minhas alunas e meus alunos, nem que seja um pouco, a escola em que vivi.

Hoje, talvez mais que nunca, sinto a necessidade de falar sobre escolas e escutar casos que a valorizem, que reconheçam a importância das professoras e dos professores, que celebrem os processos de ensino-aprendizagem, que seja espaço de construção de conhecimento e prazer para as alunas e os alunos, que seja, sobretudo, lugar de promover valores como cidadania e respeito. Penso que, talvez, eu tenha me tornado professor porque sou grato à escola por quem sou e, de alguma maneira, queria retribuir. Eu não soube, definitivamente, abandonar a escola.

A SALA DAS PROFESSORAS E DOS PROFESSORES

Publicado em 13/11/2019

Quando analisamos o ambiente escolar, podemos identificar vários espaços e sujeitos que o frequentam. Pense desde a sala de aula, onde temos alunas, alunos, professoras e professores, até a cantina, onde temos as profissionais da cozinha, responsáveis pela alimentação de tantas pessoas. Nesse contexto, um espaço em especial sempre me chamou muita atenção dentro da escola: a sala das professoras e dos professores. Ao buscar, em minha memória, os registros escolares de quando eu ainda era criança, lembro-me de que, em minha cabeça, havia constantemente uma curiosidade sobre aquele espaço, até então, muito misterioso. Enquanto nós, alunas e alunos, estávamos no recreio, as professoras e os professores se reuniam em uma sala fechada e, pelo menos durante 20 minutos, se isolavam ali de seus vários estudantes.

Nos últimos dois anos de minha graduação em licenciatura em Língua Portuguesa, em que era hora de realizar os estágios de observação e de regência nas escolas, novamente me encontrei refletindo sobre a sala das professoras e dos professores, só que, dessa vez, não mais imaginando o que *rolava* ali dentro, mas sendo um estagiário em meio a tantos docentes. Se, outrora, como aluno, minha mente só podia especular incertamente sobre o que conversavam as professoras e os professores no momento do intervalo, agora, eu era um deles.

No início, quando ainda era um tímido estagiário envolvido na rotina de uma escola que me acolheu, eu não conversava muito, mas observava bastante. As professoras e os professores, ao conversarem comigo, sempre faziam uma pergunta certeira: *por que você, ainda tão novo e inteligente, escolheu ser logo professor?* Aquilo me causava revolta e desânimo. Por mais que eu entendesse que aquelas professoras e aqueles professores estavam calejados e cansados da sala de aula, como podiam ser tão cruéis com um jovem professor ainda em formação, tirando a esperança de alguém que estava cheio de gás, expectativas e ideias? Se, antes, como aluno, eu me inquietava por não poder adentrar na sala das professoras e dos professores, nos estágios, fazia de tudo para não estar ali e ter de responder àquela pergunta pedante.

Depois que me formei e comecei a trabalhar em uma escola estadual, logo pensei no *fantasma* que a sala das professoras e dos professores tinha se tornado para mim durante os estágios e que ainda me assombrava. Imaginei que teria de conviver, ainda que somente durante o intervalo, com docentes desanimados e pessimistas, que faziam das queixas um único assunto. Para a minha surpresa e sorte, acabei conhecendo profissionais experientes e acolhedores, que, mesmo discutindo e sabendo dos problemas enfrentados pela Educação, ofereciam, às suas alunas e aos seus alunos, possibilidades e caminhos. Durante o intervalo, conheci uma nova versão da sala das professoras e dos professores, em que se conversava sobre assuntos variados e descontraídos, inclusive sobre histórias vivenciadas com suas alunas e seus alunos.

No trabalho, renasceu em mim a esperança de enfrentar os desafios diários que o ambiente escolar nos impõe, ao buscar, em meus pares, professoras e professores, uma fonte de reflexão e de ideias para a proposição de soluções para os mais variados contextos. Na tentativa de fazer nosso melhor, com certeza, encontramos, uns nos outros, a força necessária para, com as alunas e os alunos, celebrar a alegria que deve ser a possibilidade do aprendizado.

EDUCAÇÃO PARA AUTONOMIA

Publicado em 27/11/2019

> *Saber que devo respeito à autonomia, à dignidade e à identidade do educando e, na prática, procurar a coerência com este saber, me leva inapelavelmente à criação de algumas virtudes ou qualidades sem as quais aquele saber vira inautêntico, palavreado vazio e inoperante. De nada serve, a não ser para irritar o educando e desmoralizar o discurso hipócrita do educador, falar em democracia e liberdade, mas impor ao educando a vontade arrogante do mestre.*
>
> *(Paulo Freire, 1996, p. 25)*

Desde que comecei a lecionar Língua Portuguesa no ensino médio na rede pública estadual, tenho refletido um bocado sobre as várias relações estabelecidas entre os múltiplos sujeitos do ambiente escolar. Para ser sincero, essa preocupação já me intrigava desde os estágios. Enquanto estudávamos, na universidade, uma pedagogia freiriana, baseada na autonomia, na liberdade e na emancipação dos sujeitos, nas escolas em que trabalhava, o grito, a ameaça e a coerção eram predominantes e aparentavam ser a única saída para o contexto de sala de aula, sempre superlotado, agitado e, tantas vezes, desalinhado.

Incontáveis foram (e são!) as vezes em que presenciei situações que em nada colaboravam para a construção da autonomia dos estudantes: professoras e professores, quando questionados sobre alguma postura adotada, não se explicavam, mas se impunham; alunas e alunos sendo buscados no pátio aos gritos pela direção; a água ou o banheiro sendo negados; alunas e alunos com medo de tirar suas dúvidas com as professoras e os professores *carrascos*; explicações unilaterais de conteúdos que não dialogavam minimamente com a vivência dos estudantes; enfim, tantas outras situações em que o diálogo era suplantado pelo autoritarismo.

Todos esses exemplos me colocavam em *parafusos*, porque, levando em conta toda minha formação inicial e continuada e, até mesmo, meus traços de personalidade, nunca consegui me imaginar naquele lugar do professor *carrasco, ditador*, que grita e impõe tudo que deve ser feito e como tem de ser feito. Para além da minha dificuldade em *interpretar tal papel*, sempre me neguei a ser protagonista de situações impositivas, sobretudo por acreditar em sua ineficiência, que não satisfazem o lado das professoras e dos professores e, muito menos, contribuem para o amadurecimento de um estudante autônomo e liberto, capaz de exercer, pois, sua cidadania.

Embora nossa prática docente não seja fácil, não tenha manual e apresente diariamente suas contradições, tenho me esforçado para adotar, em sala de aula, posturas pautadas no diálogo. Tal experiência tem apresentado prós e contras, pois percebo que muitos estudantes não estão preparados para lidar com sua liberdade. Mas penso que meu papel é, também, apresentá-los as consequências disso, a fim de que consigam ir se adequando e se responsabilizando por seus atos. Quando vejo uma aluna questionadora e crítica e um aluno questionador e crítico dialogando comigo e apresentando argumentos relevantes, é inevitável a satisfação de saber que o espaço aberto em nossas aulas os deixou à vontade para se posicionar. Isto, com certeza, faz todo esforço valer a pena!

REFERÊNCIA

FREIRE, Paulo. *Pedagogia da autonomia*: saberes necessários à prática educativa. São Paulo: Paz e Terra, 1996. 54 p. (Coleção Leitura)

A LIBERDADE EXIGE RESPONSABILIDADE

Publicado em 11/12/2019

Há escolas que são gaiolas. Há escolas que são asas.
(Rubem Alves, 2001)

Há pouco tempo, tomei conhecimento de um texto do educador, psicanalista e escritor Rubem Alves, que fazia uma analogia muito interessante. No texto, intitulado "Gaiolas e asas", publicado originalmente na *Folha de S. Paulo*, o escritor compara a escola com gaiolas e asas, enquanto as alunas e os alunos seriam os pássaros. Neste contexto, eu, professor, me senti intimado a refletir sobre minhas práticas e meus objetivos dentro da escola, bem como a pensar no trabalho de toda equipe escolar.

Será que temos trabalhado na direção de uma escola como gaiola, em que fazemos questão de ter controle sobre nossos pássaros e os enxergamos como nossas propriedades?

Ou será que temos trabalhado na direção de uma escola que dá asas, em que os pássaros, autônomos, conseguem extrapolar os muros escolares e são encorajados a voar rumo a novos conhecimentos e novas possibilidades?

Pensando nessas perguntas, acredito que não estamos nem lá nem cá. Explico: trabalhando em periferias, com salários baixos que nos obrigam a ter dois ou três empregos, infraestrutura precária e salas de aula superlotadas, quantas vezes as reflexões de nossas práticas dão lugar a uma rotina do atropelo, em que burocratas, ingênuos ou maldosos, medem a qualidade da Educação somente por meio de provas e avaliações distantes da vivência escolar?

Infelizmente, a realidade tem denunciado que, muitas vezes, as professoras e os professores não só cortam as asas de suas alunas e de seus alunos como também entram nas gaiolas, ao se enquadrarem em programas escolares e em conteúdos que não ensinam para a vida, mas, ao contrário, ficam na cabeça dos estudantes somente até a próxima avaliação, e são descartados de suas memórias logo em seguida.

Pensando sobre minhas práticas e meus objetivos dentro da escola, com as alunas e os alunos, tenho tentado promover relações que tenham a liberdade como princípio e a responsabilidade como consequência. De acordo com os assuntos que discutimos, não cobro ou obrigo ninguém a fazer as atividades propostas, mas evidencio aos estudantes que a escolha por as fazer ou não gera consequências. A partir desse raciocínio, tento deixar o diálogo sempre aberto ao negociar maneiras de ensinar os conteúdos e modos de avaliá-los, que podem ser muito diversificados. Há esperança!

REFERÊNCIA

ALVES, Rubem. Gaiolas e asas. *Folha de S. Paulo*, São Paulo, 5 de dezembro de 2001. Disponível em: https://www1.folha.uol.com.br/fsp/opiniao/fz0512200109.htm. Acesso em: 4 dez. 2019.

ESCOLA E AS VIOLÊNCIAS COTIDIANAS

Publicado em 08/04/2020

Em tempos de COVID-19, em que sabemos da importância de ficar em casa para que a pandemia seja controlada, temos sofrido um bombardeio de informações, com seus prós e contras, mas sempre de difícil digestão, não é? Nesse sentido, tenho buscado fazer atividades que me tragam prazer e conhecimento, e tento, na medida do possível, não me desgastar demais com todo esse contexto caótico.

Dentre as várias ocupações que arranjei, assistir a seriados interessantes tem sido um bom passatempo. Na última semana, vi um que se chama *Madame CJ Walker*, em que a narrativa de quatro episódios conta a história de uma mulher afro-americana que, até então, trabalhava como lavadeira em uma condição análoga à escravidão, mas que aos poucos desenvolve um produto de cabelo destinado às mulheres negras e torna-se empresária. É bacana acompanhar todo um pano de fundo racista e machista daquele contexto no início do século XX, mas, sobretudo, como a estrutura vigente é colocada em xeque a partir da luta das mulheres-personagens.

Nesta semana, consegui iniciar uma série que, há muito tempo, desejava assistir, intitulada *Anne with an E*, cuja protagonista adolescente é apaixonada por literatura, livros e histórias, e faz de sua imaginação sem limites um refúgio para os vários sofrimentos que já viveu como órfã, moradora de orfanato e empregada em várias *casas de família*.

Neste contexto, gostaria de destacar uma cena do início da série, na qual Anne vai, pela primeira vez, à nova escola. Apesar de toda curiosidade e animação da menina-personagem sobre os desafios que estava prestes a enfrentar, Anne se frustra profundamente ao frequentar a escola já nos primeiros dias, pois suas colegas e seus colegas e até mesmo o professor zombam de sua aparência, de seu jeito de falar e de sua história como órfã.

Assistindo aos episódios, fiquei pensando no quanto as nossas escolas, por vezes, podem ser negligentes diante das situações conflituosas. É um caso de racismo aqui, uma desigualdade de gênero ali, um preconceito social lá... São violências cotidianas que, em meio à agitação do ambiente escolar, muitas vezes, não recebem a devida atenção das professoras, dos professores, das supervisoras, dos supervisores, das diretoras e dos diretores, mas, potencialmente, criam feridas severas às oprimidas, aos oprimidos e reproduzem uma estrutura historicamente perversa e desigual.

Por mais difícil que seja mediar situações delicadas em meio às salas superlotadas, acredito que precisamos, como professoras, professores, supervisoras, supervisores, diretoras e diretores, assumir possíveis riscos e promover conversas que eduquem nossas alunas e nossos alunos em direção ao respeito, à humanidade e à conscientização de seus atos. Não temos garantias, mas, se somos educadoras e educadores, é insuficiente não praticarmos violências, precisamos combatê-las.

OS CONHECIMENTOS

Publicado em 06/05/2020

Esta semana fiquei com um desejo: relembrar as coisas que passavam em minha mente quando a vida ainda me permitia olhar no fundo dos olhos de cada uma das minhas alunas e de cada um dos meus alunos em classe, antes da pandemia de COVID-19. Essa época, paradoxalmente tão próxima e tão distante, trouxe-me mais que lembranças... Trouxe-me saudade. Nossa interação sempre me ensinou tanto, sabe? Tenho (ou tinha?) o costume de ficar observando os estudantes em sala, principalmente enquanto realizam uma prova ou uma outra atividade em que o ambiente fique silencioso, mais calmo. A partir disso, minha mente viaja, imaginando quais são as possibilidades de existência, a rotina, os gostos, o passado, o presente e o futuro de cada uma e cada um que, ali sob minha aventura exploratória solitária (quase delirante, confesso), serve de *catapulta* para minhas curiosidades.

Um dia, numa dessas observações-viagens, peguei-me pensando e encarando a expressão de um aluno peculiar: era mais velho que eu (tenho 22 anos) e aparentava ter, mais ou menos, uns 50 anos. Dentre todas as turmas com as quais já trabalhei no ensino médio, sempre com alunas e alunos mais jovens, ele era uma novidade e uma experiência diferente para mim, algo possibilitado por eu trabalhar também em um curso pré-vestibular. Foi então que, neste contexto, comecei a pensar, *cá em meus miolos*, em como havia ali, naquela sala, experiências tão distintas umas das outras e, mais importante ainda, como a interação entre elas poderia ser potencializada em uma rica produção de conhecimentos.

Sinto que, por vezes, a sociedade e até mesmo alguns profissionais que trabalham com Educação colocam a *escola* em um lugar unitário de *detentora do conhecimento* (assim mesmo, no singular). Ora, não precisamos ir muito longe para que esse discurso caia por terra, não é? Quantas informações da internet são transformadas em conhecimento sem a mediação da escola (inclusive conhecimento científico)? Quanto conhecimento uma aluna ou um aluno participante do movimento negro tem sobre História e sociedade sem que o tenha aprendido no livro didático? Quanto conhecimento uma aluna ou um aluno feminista tem sobre o corpo sem que o tenha tirado da aula de Biologia? Quanto conhecimento uma aluna minha ou um aluno meu (inclusive aquele com a mesma idade de minha mãe) tem sobre a vida que eu não tenho?

Cara leitora e caro leitor, não me leve a mal se, com as letras acima, a escola te parecer inútil em nossa sociedade contemporânea. Quero afirmar o contrário: ela é super necessária! De fato, não como *detentora de conhecimento*, algo que ela nunca foi e jamais conseguiria ser, mas como espaço de acolhimento, de diálogo e de interação de variados conhecimentos (assim mesmo, no plural), que, inevitavelmente, cada aluna e cada aluno trazem consigo, de acordo com sua própria experiência no mundo.

Do meu lugar de fala, como professor, vejo, cada vez mais, que é na interação entre os sujeitos (e assim, pois, com outras experiências) que os conhecimentos se constroem. Até quando pensamos na mediação de conhecimentos científicos, papel priorizado pela escola, podemos ver que a apropriação de conteúdos só se dá por meio de sua relação com as experiências que cada um compartilha.

Dessa forma, acredito numa Educação necessária e possível a partir da figura de uma professora e de um professor mediador de conhecimentos e de alunas e alunos emancipados, isto é, preparados para serem sujeitos construtores de sua própria aprendizagem e capazes de compartilhar seus conhecimentos com o mundo.

UM DESCONFORTO NECESSÁRIO

Publicado em 20/05/2020

Ser professora e ser professor é um constante desconforto. Esta foi a conclusão de uma longa e produtiva conversa que tive com meu irmão, que também é professor, embora, diferentemente de mim, lecione sobre as geografias do mundo. A leitora e o leitor podem estranhar que este texto comece justamente com aquilo que é, também, o seu final, mas espero que as palavras seguintes lhes ajudem a percorrer essa travessia.

O papo começou quando falávamos dos constantes ataques direcionados à Educação pública no contexto brasileiro. Fazíamos menção às condições precárias de trabalho da professora e do professor, à infraestrutura escolar cada vez pior, à dificuldade financeira das famílias cujas filhas e cujos filhos eram nossas alunas e nossos alunos e, sobretudo, à visão pejorativa que a sociedade tem direcionado à Educação escolar atualmente. Neste ambiente, também ponderávamos sobre o quão difícil é tentar ser uma professora incentivadora e um professor incentivador da emancipação de nossas alunas e de nossos alunos em um contexto político-social capitalista, que mercantiliza cada vez mais a Educação pública.

Se, por um lado, tentamos nos dedicar a uma formação humanista de nossos estudantes, valorizando seus conhecimentos e mediando aqueles construídos em classe, por outro, nos deparamos com governos que tomam medidas na direção de uma Educação utilitarista, que prioriza a formação para a exploração no trabalho e para a mão de obra barata, mais tarde empregada nas empresas da região. E, neste ponto, a luta é desigual, pois o sistema é opressor e nós *remamos contra uma maré* muito forte.

Contudo, temos a noção de que tudo poderia ser muito pior sem a resistência de nossa classe diante dos ataques, já que, na contramão deles, construímos diariamente relações de ensino-aprendizagem com um objetivo crítico, democrático e humanizador, ao incentivar a todas nossas alunas e todos nossos alunos a reivindicar aquilo que é de direito, como uma Educação de qualidade, uma vida digna e uma sociedade menos desigual.

Concluindo nossa conversa e pensando sobre o desgaste que sofremos nessa luta perversa contra o sistema imposto, consideramos que *ser professora e ser professor é um constante desconforto*. Por mais que seja difícil a vida de quem se propõe a sonhar um país mais justo e luta por isso, acreditamos ser esse *um desconforto necessário*, combustível para chegarmos mais próximos de nosso sonho, até então, utópico. E, para isto, buscamos energia e apoio em quem não só sonha essa revolução com a gente como também faz com que ela aconteça em cada dia em que pisa na escola.

PEDAGOGIAS ANTIRRACISTAS

Publicado em 17/06/2020

Nas últimas semanas, todas e todos nós acompanhamos, uns mais e outros menos, algumas notícias, reportagens e comentários acerca de alguns episódios evidenciadores do racismo que ainda assola o Brasil e o mundo. Internacionalmente, o caso do estadunidense George Floyd invadiu os noticiários e as redes sociais, que retrataram o brutal falecimento do homem negro depois que Derek Chauvin, policial branco de Minneapolis, ajoelhou-se no pescoço dele por, pelo menos, sete minutos, enquanto estava imobilizado no chão. Aqui no Brasil, a mídia se voltou parcialmente para os casos de João Pedro, menino negro de 14 anos, morto por um tiro de fuzil dentro de sua própria casa, em uma operação policial em São Gonçalo-RJ, e de Miguel, garoto negro de cinco anos, que caiu do 9º andar de um prédio, a uma altura de 35 metros, após ter subido em um elevador acionado pela patroa branca de sua mãe, em Recife-PE.

Devido aos fatos supracitados, houve uma comoção considerável em nosso país, que envolveu pessoas brancas e pretas, o que me levou a vários questionamentos. Fiquei, *cá com meus botões*, a pensar: será que as *hashtags* antirracistas serão esquecidas na próxima semana? Será que quem diz que as *vidas negras importam* realmente toma atitudes antirracistas? Até que ponto as privilegiadas e os privilegiados têm noção de seu privilégio? Ou ainda: até que ponto alguém consegue abrir mão de um privilégio em nome de uma equidade? Embora os casos noticiados nas últimas semanas tenham feito a grande mídia trazer à tona a questão racial para o nosso cotidiano, causando uma aparência de que ela ocorre em casos específicos, certo é que o racismo já é debatido e denunciado há muito tempo no Brasil, o que mostra a perversidade da estrutura em que vivemos.

Nesse contexto, pergunto-lhe: e a escola com isso?

Sempre há quem diga: *eu não sou racista*. Apesar disso e sabendo que vivemos em um país racista, a famosa frase de Angela Davis pode nos ajudar a entender nosso papel como professoras e professores: *não basta não ser racista, é preciso ser antirracista*. Acredito que, enquanto a escola não entender que o seu silêncio também é racismo, maiores serão as dificuldades para avançarmos na equidade racial. Se, de fato, a Educação tem o poder de transformar as pessoas e elas, por sua vez, transformam o mundo, precisamos praticar pedagogias antirracistas alinhadas às lutas dos *Movimentos Negros*. Este também é um papel nosso e, para fazê-lo com qualidade, temos de ler o que já foi e é produzido pelas autoras negras e pelos autores negros acerca do racismo.

Dentro de cada escola, de cada disciplina e com determinada turma, como você, professora e professor, pode adotar uma pedagogia antirracista?

No que compete à minha formação, entendo que a literatura afro-brasileira pode ser uma ferramenta muito potente na luta antirracista, uma vez que várias e diferentes histórias podem não só levantar o debate contra o racismo, como também apresentar personagens pretas e pretos em protagonismo, representados positivamente, o que nem sempre aconteceu na história da literatura. A arte, para mim, é um ótimo caminho. As alunas e os alunos, se antirracistas, podem ser *sementes*, ao levarem, para suas famílias, discussões sobre as quais nem todas e todos tiveram acesso.

Dom Quixote, personagem de Cervantes (1978, p. 80), já dizia: "mudar o mundo, meu amigo Sancho, não é loucura, não é utopia, é justiça". Pensando no racismo estrutural de nosso país, faço minhas as palavras do cavaleiro sonhador.

REFERÊNCIAS

CERVANTES, Miguel de. *Dom Quixote de la Mancha.* Tradução: Viscondes de Castilho e Azevedo. São Paulo: Editora Abril, 1978. 1.328 p.

DAVIS, Angela. *Mulheres, raça e classe.* Tradução: Heci Regina Candiani. São Paulo: Boitempo, 2016. 244 p.

A FORMAÇÃO CONTINUADA

Publicado em 02/09/2020

Em quase todas as profissões é comum escutarmos trabalhadoras e trabalhadores se queixando sobre o tempo, ou melhor, sobre a falta dele. Dentro da docência, independentemente do nível escolar, ouço tal reclamação recorrentemente, já que nosso trabalho geralmente envolve muito planejamento e muitas avaliações, que são feitos em casa, fora da escola. A um estado de esgotamento físico e mental, cuja causa está intimamente ligada à vida profissional, chamamos Síndrome de Burnout, como aprendi, no início deste ano, com uma palestrante, em um momento de formação na escola em que trabalho. Enquanto ela descrevia os sintomas dessa quase patologia psíquica a nós, professoras e professores, impressionou-me tamanha identificação relatada pela maioria do grupo ouvinte, que, na maioria das vezes, atribuiu à correria da profissão docente o gigante estresse acumulado.

Nesta semana, a partir de uma reflexão íntima, lembrei-me desse momento que acabo de relatar. Conto-lhe. Neste contexto pandêmico, em que a maioria de nós estamos realizando nosso trabalho remotamente, em virtude do distanciamento social, pude perceber uma enorme quantidade de conteúdos interessantes disponibilizados na internet. Refiro-me, aqui, não às inúmeras *lives* de entretenimento comercial, mas às reflexões propostas em formato de palestras, *lives*, cursos e mesas redondas que estão sendo produzidos por universidades, escolas e instituições que têm fim educacional. Como muitos deles são gratuitos e on-line, logo pensei em me inscrever naquilo que me interessasse e fazer dessas oportunidades momentos de formação.

Neste contexto, que pode dar uma sensação à leitora e ao leitor de que eu só teria a ganhar participando de tais atividades, *o tiro saiu pela culatra*. Explico-lhe e retomo o início de nossa conversa. Para além de todo o teletrabalho, que, se não maximizou o trabalho escolar presencial, pelo menos trouxe mais dificuldades, já que tivemos de nos adequar a uma nova modalidade de ensino-aprendizagem, enchi minha agenda com vários outros compromissos referentes àqueles cursos e àquelas palestras, *lives* e mesas redondas interessantes, que mencionei anteriormente. Por consequência, minha mente, ao ser ocupada com tanto trabalho intelectual, refletiu em meu corpo o estresse pelo qual ela estava passando. A ansiedade aumentou e o tempo destinado ao descanso diminuiu, assim como a saúde física e mental. Ao tomar consciência disso, lembrei-me da Síndrome de Burnout.

Não sei da leitora e do leitor, mas a sensação que tenho é a de que nossa formação continuada é sempre delegada ao plano individual, quando deveria, na verdade, estar prevista e ser fomentada pelo Estado e/ou pela rede privada de Educação em que trabalhamos, de uma maneira regulamentada, estruturada e coletiva. Na concretude do contexto em que vivemos, parece ser unicamente da professora e do professor a escolha de investir ou não em sua formação, sem que, muitas vezes, seja propiciado a nós um contexto que permita tal liberdade. Imagine você quantos casos não há de professoras e professores que, para cursar uma pós-graduação, por exemplo, trabalham durante dois turnos e estudam em outro, sem tempo para o descanso, o cuidado com a saúde, com a casa e a família. A conta simplesmente não fecha sem que paguemos um preço alto por ela.

A mim, ficam algumas perguntas: há espaço para o descanso (leia-se aqui *improdutividade*) em nossa sociedade? Os planos de carreira das escolas públicas valorizam suficientemente a formação de suas servidoras e de seus servidores? Às chefes e aos chefes do mercado educacional interessa que suas empregadas e seus empregados tenham uma formação elevada?

ESPERANÇAR

Publicado em 10/02/2021

O ano letivo de 2020, ano pandêmico, nos impôs desafios, aprendizados e transformações, não é verdade? Para mim, encerrá-lo provocou sentimentos confusos, ainda não completamente elaborados em minha cabeça. Explico-lhe: será que o ensino remoto emergencial foi uma opção viável para uma efetiva construção de conhecimento – papel da escola – no ambiente digital? Será que as alunas e os alunos se sentiram amparados e auxiliados no processo de estudo? Será que nós, professoras e professores, cumprimos nosso papel de mediadoras e mediadores ou só fomos engolidos por uma enorme burocracia desgastante, infelizmente cada vez mais comum na docência?

Em meio ao caos sociopolítico que se instalou no Brasil e às dificuldades de acesso à internet por parte de estudantes, de professoras e de professores, tenho receio de que as respostas para as perguntas supracitadas sejam todas negativas, o que me chateia. Por outro lado, encerrar o ano letivo me trouxe uma sensação de alívio, já que todo o processo de aulas remotas foi tão turbulento. Assim, senti que estava fechando um ciclo e abrindo outro, no qual, apesar da vasta incerteza, a esperança de dias melhores poderia ser renovada. Embora clichê e não muito eficaz, ainda não consigo desassociar essa ideia de início de ano com o renascimento, com novas oportunidades. Ingenuidade? Talvez. Ferramenta encontrada para ser positivo em meio a tanta notícia ruim? Com certeza!

Paulo Freire, nosso grande mestre, nos deixou vários ensinamentos para a Educação e para a vida. Dentre eles, gostaria de trazer aqui a ideia do *esperançar*. Freire dizia que é preciso ter esperança, do verbo esperançar. Esperança, do verbo esperar, é espera. Já esperançar é ir atrás, construir, levantar adiante. Assim, desejo a todos nós que, nesse início de mais um ano de trabalho, esperancemos no sentido freiriano da luta, da transformação e da revolução. Não é opção, é necessidade. Se o mundo tem se apresentado tão cruel e desumano, entendamos que suas estruturas não são dadas, mas construídas. Dessa forma, entenderemos, pois, que os nossos sonhos e o nosso amanhã dependem da nossa luta e da nossa organização de classe. Saúde e coragem para nós!

PALAVRAS FINAIS

O dia a dia de uma professora ou de um professor, em qualquer nível de ensino dentro da Educação brasileira, é composto de vários desafios. Há uma enorme quantidade de estudantes para orientar, famílias com quem dialogar, aulas para ministrar, atividades para elaborar e avaliações a serem feitas. Somado a isso, nossa categoria ocupa um lugar social de desprestígio e enfrenta, cotidianamente, graves ataques direcionados à Educação pública.

Nesse contexto, entre 2015 e 2021, a rede *Professores transformadores* se propôs e seguiu firme no objetivo de valorizar a docência. Ao reunir colaboradoras e colaboradores de todas as regiões do Brasil, criamos e fortalecemos um espírito de luta coletiva ao dialogarmos criticamente sobre nossas práticas pedagógicas e os contextos que nos cercam.

Assim, percebemos este livro como uma *chave de ouro* que fecha um ciclo bonito e potente de transformação, luta e esperança. Sua organização foi gestada com muito cuidado, carinho e amor. Ainda que o cotidiano apresentasse seus desafios para cada uma e para cada um, aqui contamos com seis professoras e dois professores corajosos e transformadores.

Ao final dessa travessia, sentimo-nos felizes e orgulhosos do trabalho que realizamos. Nem sempre foi fácil, mas se unir em rede com o objetivo de aprender a partir das experiências narradas por outras colegas e outros colegas, com certeza, nos fortaleceu e fez de nós professoras e professores melhores.

Elodia Honse Lebourg
Organizadora

Túlio Romualdo Magalhães
Organizador

SOBRE AS AUTORAS E OS AUTORES

Elodia Honse Lebourg

Doutoranda em Educação pela Universidade Federal de Ouro Preto (UFOP), mestra em Educação (UFOP), pós-graduada em História Moderna e em História do Brasil pela Universidade Federal Fluminense (UFF) e graduada em História (UFOP). É professora e revisora de textos acadêmicos e de livros. Tem experiência nas áreas de Educação e História, com ênfase em educação patrimonial e história oral. Em Educação, pesquisa juventude e ensino médio, principalmente com relação a jovens do interior brasileiro. Orcid: 0000-0001-8521-0389

Fernanda Saldanha

Mestra em Artes pela Universidade do Estado de Santa Catarina (UDESC) e graduada em Teatro pela Universidade Federal de Santa Maria (UFSM). É professora na rede municipal de ensino de Venâncio Aires-RS e, atualmente, é assessora pedagógica na Secretaria Municipal de Educação. Orienta o projeto "Protagonismo feminino em histórias reais, narradas para crianças em audiolivros – Elas por Elas". Orcid: 0000-0002-8434-4972

Maisa de Freitas

Mestra em Educação pela Universidade Federal de Ouro Preto (UFOP), pós-graduada em Ensino de Geografia pelo Instituto Mineiro de Educação a Distância (IMEAD) e graduada em Geografia pela Universidade Federal de Viçosa (UFV). Pesquisa Novos Letramentos e TDIC. Atualmente, é professora da educação básica da rede estadual de Minas Gerais. Orcid: 0000-0002-5722-254X

Márcio Francisco de Carvalho

Mestrando em Desenvolvimento Regional e Meio Ambiente pela Universidade Estadual de Minas Gerais (UEMG), pós-graduado em Gestão Escolar e Práticas Pedagógicas Integradas pela Universidade Cândido Mendes (UCAM) e graduado em História pela Universidade Federal de Viçosa (UFV). É professor de História do ensino fundamental e médio. Tem experiência no ensino de Ciências Humanas e em projetos de extensão. Atua, principalmente, nos seguintes temas: educação popular, educação patrimonial, interdisciplinaridade e trabalho de campo. Orcid: 0000-0003-3362-3274

Maria Alzira Leite

Doutora e mestre em Letras: Linguística e Língua Portuguesa pela PUC-Minas, com estágio pós-doutoral em Linguística Aplicada na Unicamp. Professora adjunta no Programa de Pós-Graduação em Educação na Universidade Tuiuti do Paraná (UTP) e coordenadora da Linha de Pesquisa Práticas Pedagógicas: Elementos Articuladores. Também é coordenadora do Grupo de Trabalho Práticas Identitárias da Associação Nacional de Pós-Graduação e Pesquisa em Letras e Linguística e líder do Grupo de Pesquisa Linguagens, Alfabetização e Letramentos. Orcid: 0000-0003-2235-4021

Michelle Ristow

Pós-graduada em Educação Transformadora: Pedagogia, Fundamentos e Práticas pela PUC-RS e graduada em Pedagogia pelas Faculdades Integradas de Ciências Humanas, Saúde e Educação de Guarulhos. É professora do ensino fundamental I na rede privada. Pesquisa subjetividade na escola e aprendizagem ativa na prática. Orcid: 0000-0003-2346-6084

Priscila de Freitas Machado

Mestranda em Educação pelo Programa de Pós-Graduação em Educação da Universidade Federal do Tocantins (UFT), pós-graduada em Psicopedagogia Escolar pelo Centro Universitário ITOP, pós-graduada em Gestão, Orientação e Supervisão pela Faculdade Campos Elíseos, pós-graduada em Educação Infantil pela UFT, graduada em Pedagogia pela PUC-Goiás e em Letras Português/Inglês pela Faculdade Campos Elíseos. É professora efetiva da rede municipal de Palmas-TO. Orcid: 0000-0001-9552-6563

Túlio Romualdo Magalhães

Mestrando em Estudos Literários pela Universidade Federal de Minas Gerais (UFMG), pós-graduado em Ensino de Língua Portuguesa na Educação Básica pelo IFMG *Campus* Ouro Preto e graduado em Letras/Língua Portuguesa pela Universidade Federal de Ouro Preto (UFOP). É professor do ensino médio na rede estadual de Minas Gerais. Suas pesquisas se situam na área de Literatura Afro-brasileira. Orcid: 0000-0003-0421-747X